KB237532

치명적인 금융위기,
왜 유독 대한민국인가

차례
Contents

경제의 난치병, 금융위기

"밀물이 되면 모든 배가 똑같이 떠오른다." 경제학의 아버지 애덤 스미스(Adam Smith, 1723~1790)의 말이다. 상층에서 늘어난 부(富)가 흘러넘쳐 하층까지 두루 채운다는 트리클 다운(trickle down) 효과를 설명한 것이다. 이 말은 금융위기를 설명하는 데에도 잘 들어맞는다.

흘러넘치는 돈이 특정 분야로 쏠리면 어김없이 경제에 거품이 생긴다. 주식, 부동산 등 자산이 실제가치보다 과대평가되면서 우량자산뿐만 아니라 비우량자산도 덩달아 뛰어오른다. 그럴수록 더 갖고 싶은 탐욕, 대박만 꿈꾸는 망상, 위험을 망각한 투기가 생겨난다. 탐욕, 망상, 투기가 극에 달한 순간 판단을 마비시키는 공포심리가 싹트면, 순식간에 손쓰기 힘든 사태로 치닫게 된다. 이것이 바로 금융위기이다. 모든 배를 띄웠던 밀물이 한꺼번에 빠진 상황을 상상해 보라. 바닥에는 온갖 오폐물과 난파선으로 그득할 것이다.

문제는 금융위기가 터지기 전까지는 누구도 그것을 미리 감지하지 못한다는 점이다. 사태가 벌어지고 나서야 그럴 줄 알았다는 듯이 이야기한다. 알았다면 대비했어야 마땅하지만 그런 사람을 찾아보기는 힘들다. 그렇게 여기는 것은 사후판단편향(사태가 벌어진 후 그것의 불가피성을 확신하는 경향)에서 비롯된 착각이자 오류일 뿐이다.

태풍이 오기 직전에 공기가 달라지듯이 예고 없이 찾아오는 재앙은 없다. 마찬가지로 금융위기도 결코 하늘에서 갑자기 뚝 떨어지는 재앙이 아니다. 무수한 전조(前兆)들을 통해 위기의 경보가 울리지만 사람들은 직접 보고 겪기 전까지는 그것을 느끼지 못할 뿐이다.

그렇기에 하인리히 법칙(Heinrich's Law)은 금융위기 상황에 시사하는 바가 크다. 허버트 윌리엄 하인리히(Herbert William Heinrich, 1886~1962)는 미국의 한 손해보험사의 손실통제부서에서 근무했다. 그는 1931년 수많은 산업재해 사고를 관찰한 끝에 중상자가 1명 발생하면 그 전에 같은 원인으로 경상자가 29명 있었고, 부상을 당할 뻔한 아찔한 순간을 경험한 사람이 300명이나 된다는 통계적 법칙을 발견했다. '1 대 29 대 300'의 비율은 산업재해에만 국한되는 것이 아니다. 1997년 외환위기와 2008년 글로벌 금융위기는 300건의 징후와 29건의 작은 위기 뒤에 나온 대재앙이라고 할 수 있다. 미리 깨닫고 대비하지 못했기에 충격이 컸던 것이다.

경제 거품이 커지는 단계에서는 아무리 위기의 경보음이 울려도 잘 들리지 않는다. 소리가 작아서가 아니라 현실의 달콤한 과실에 취해 들으려 하지 않기 때문이다. 사람들은 작은 풍선이 애드벌룬만 해졌는데도 더 커질 것을 기대하며 불어 댄다. 무한정 커지는 풍선은 없다. 계속 불다 보면 언젠가는 터지고 만다. 그리고 한 번 터진 풍선은 다시 불 수 없다.

경제는 인체와 닮은 꼴

경제는 일반 사람들이 이해하기가 쉽지 않다. 특히 금융은 경제의 여러 분야 중에서도 가장 어렵다고들 한다. 용어부터 낯선 데다 금융계의 메커니즘은 일반적인 상식으로는 파악하기가 어렵다. 신문이나 텔레비전에 나오는 사회, 문화, 연예 뉴스는 중학생도 이해하기 쉬운 내용이 많지만 경제 뉴스는 도대체 무슨 말인지 알아듣기 힘들 때가 많다.

어려운 경제와 금융을 한결 쉽게 이해하는 방법이 있다. 바로 경제를 인체와 비교해 보는 것이다. 튼튼한 경제는 건강한 몸과도 같다. 두뇌는 지도자(정치인, CEO)이고 팔과 다리는 근로자, 상인, 농민 등과 같은 국민(생산인구)이며 혈관을 도는 피는 돈(금융)에 비유할 수 있다. 또한 근육은 실물경제(제조업, 상거래)이고 지방 덩어리인 뱃살은 투기라고 보면 된다. 소화기관은 원자재를 수입해 상품을 만드는 무역과 생산이며, 배설기관은 경쟁력을 잃은 부문의 퇴출을 돕는 제도적 장치라고 할 수 있다.

사람이 건강하려면 영양소를 골고루 섭취하고, 적절한 운동을 꾸준히 하며, 피가 잘 돌고, 배설도 원활해야 한다. 머리에 잘못된 생각이 가득 차 있다면 몸이 성할 리 없다. 또 비만인 사람을 건강하다고 할 수는 없다. 이처럼 경제의 특정 부문이 지나치게 비대해지면 반드시 탈이 난다. 실물경제와 환율, 소득과 자산가치, 생산성과 임금 등은 한 묶음으로 균형을 유지해야 건강한 경제가 된다. 극심한 변비가 질병의 원인이 되듯이 건강한 경제는 진입만큼 퇴출도 원활해야 한다. 즉 경제의 비만이 거품이고, 경제위기는 거품으로 인해 유발된 합병증이나 난치병인 셈이다.

대부분의 경제위기는 금융의 문제에서 파생된 금융위기이기도 하다. 경제를 굴러가게 하는 금융은 인체로 치면 혈맥과도 같다. 피가 잘 돌아 온몸에 산소와 영양소가 공급되어야 정상적인 생활이 가능하듯이, 경제도 돈이 돌아야 원활히 굴러간다. 그 원동력은 경제주체들 간의 믿음, 즉 신용이다. 신용은 경제주체들이 오랫동안 약속과 거래를 이행하면서 서서히 형성되는 보이지 않는 자본이다.

그러나 어느 순간 빚을 갚지 않거나 계약을 어기면서 거래가 틀어지기 시작하면 신용 자본은 순식간에 사라지고 만다. 서로 상대방을 믿지 못하기에 돈을 빌릴 수 없고, 너도나도 돈을 회수하려고만 들게 된다. 마치 캄캄한 극장 안에서 누군가 "불이야!" 하고 외쳤을 때와 같은 아비규환에 빠지는 것이다. 이것이 바로 금융위기이다.

금융위기의 원인은 쏠림과 거품

오늘날 세계 경제가 직면한 위기의 뿌리는 2008년 글로벌 금융위기이다. 오랜 기간 동안 형성된 거품이 갑자기 터지면서 경제의 혈맥이 막힌 것이다. 각국은 헬리콥터에서 돈을 살포하 듯이 뿌렸지만, 이제 위기는 실물경제에까지 짙은 그림자를 드리우고 있다.

금융위기의 원인을 규명하고 대안을 찾는 데 수많은 학자들이 매달려 왔다. 지금까지 연구 결과를 보면 금융위기의 원인은 대략 세 가지로 요약된다.

첫 번째 원인은 글로벌 불균형(global imbalance)이다. 글로벌 불균형이란 미국의 쌍둥이 적자(무역적자와 재정적자) 누적으로 달러가 약세가 되어야 함에도 중국 등 아시아 국가들이 세계에서 가장 큰 미국시장의 수출 점유율을 유지하기 위해 달러화 자산으로 막대한 외환보유액을 쌓아 달러 약세를 막은 것이다. 이것이 달러 가치의 왜곡과 모순을 가져왔으며, 쓰나미 같은 금융위기를 만든 요인이다.

두 번째 원인은 자산 거품과 부채의 과잉이다. 미국의 부동산 거품과 가계의 과도한 차입이 문제였다는 이야기다. 글로벌 불균형으로 인해 미국에서 해외로 빠져나간 달러가 미국 부동산과 국채(재무부증권) 등에 투자되면서 다시 돌아왔다. 그 결과 미국 금융시장에는 유동성이 넘치고 부동산의 가격은 소득에 비해 과도하게 올라 거품이 잔뜩 끼게 된 것이다. 또한 미국인들은 손쉽게 빚을 얻을 수 있어 분에 넘치는 소비를 즐기게 되었다. 이 같은 모습은 재정이 형편없고 변변한 산업기반도 없는 그리스가 유로존(유로화를 사용하는 17개국)에 편입되어 강세 통화인 유로화를 사용하면서 혜택을 보는 대신 재정을 엉망으로 만들어 나라가 거덜 난 것과 닮은꼴이다.

세 번째 원인은 1990년대 이후 금융자유화에 따른 금융의 증권화 현상과 파생상품의 비대화이다. 미국 금융회사들은 마구잡이로 서브프라임 모기지 론(subprime mortgage loan: 미국의 저소득층 대상 주택담보대출)을 제공했고, 이 대출은 유동화증권 형태의 파생상품으로 포장되어 팔렸다. 유동화증권을 매각한 자금이 다시 모기지 대출로 나가고 2차, 3차 유동화증권으로 둔갑하는 식이다. 심지어는 금융회사의 CEO조차 자신의 회사에서 파는 상품을 정확히 이해하지 못할 정도로 복잡한 파생상품들이 시장에 범람하게 되었다. 현물거래의 위험을 회피하기 위해 고안된 파생상품이 비대해져 미국 경제 전체를 흔들 만큼 위험해진 것이다. 이런 상황에서 부동산 가격 상승이 멈추자 파생상품의 기초가 된 모기지(주택 담보 대출)에서 균열이 시작됐다. 부동산에서 시작된 거품 붕괴는 주식시장과 금융회사를 강타하여 오랜 기간 쌓인 모순과 불균형을 한꺼번에 터뜨린 것이다. 워런 버핏(Warren Buffett, 1930~)이 파생상품을 금융시장의 대량살상무기라고 규정한 이유도 여기에 있다.

금융위기는 이 같은 세 가지 원인 외에도 다른 크고 작은 원인들이 있다. 미국과 유럽 금융회사들의 초대형화와 글로벌화도 세계 경제의 시스템 리스크를 키운 요인이었다. 예컨대 금융의 3대 축인 은행, 증권, 보험 간 겸업을 금지한 글래스 스티걸법(Glass-Steagall Act)이 1999년 폐지됐다. 이처럼 금융규제가 사라지면서 금융회사들이 급속히 비대해져 금융시스템의 리스크를 키웠다. 부동산, 주식 등 자산가치가 상승하면 경제주체들의 가처분 소득(개인의 의사에 따라 마음대로 쓸 수 있는 소득)이 늘어 소비가 늘고 경제도 성장한다는 '부의 효과(wealth effect, 자산효과)'에 취해 투기 거품에 대한 경각심이 느슨해진 것도 한몫했다. 하지만 이런 크고 작은 요인들은 앞서 설명한 세 가지 근본 원인에 수렴한다고 할 수 있다.

한국이 겪은 두 차례 위기

한국은 불과 10여 년 사이에 두 차례 치명적인 위기를 겪었다. 1997년 외환위기와 2008년 글로벌 금융위기가 그것이다. 물론 1997년 외환위기 때는 동남아시아 여러 나라들이 함께 국가부도 직전까지 몰렸고, 글로벌 금융위기 때도 공통적으로 아시아 국가들이 위기를 경험했다. 하지만 한국만큼 충격이 큰 나라는 없었다.

1997년 외환위기

1997년 겨울은 무척 추웠다. 날씨가 실제로 춥기도 했지만, 하루에 1만 명씩 불어나는 실업자 수가 국민들의 마음을 꽁꽁

얼어붙게 만들었다. 국가 신용등급은 위기 전 AA-의 우량등급
에서 불과 석 달새 10계단이나 떨어진 B+까지 내려갔다. B+면
정크(쓰레기) 등급이며, 2011년부터 심각한 경제위기를 겪고 있
는 포르투갈(BB)과 그리스(CC)의 중간 수준이다.

나라가 망할 판이니 IMF(International Monetary Fund, 국
제통화기금)의 혹독한 구조조정 요구와 고금리정책을 고스란히
수용했다. 국민들은 변변한 저항 한 번 못했고, IMF가 'I am
fired(나는 해고됐다).'의 약자라는 결코 웃지 못할 우스갯소리를
되뇌어야 했던 시절이다. 부도 직전인 나라의 국민들은 장롱 속
아이들 금반지까지 끌어모아 나라 빚을 갚겠다고 나섰다. 그런
고통과 땀이 있었기에 불과 3년 만에 한국은 IMF 구제금융을
모두 갚을 수 있었다.

하지만 최근 유럽 재정위기에 대해 IMF가 대처하는 방식
을 보면 황당함을 넘어 공분을 자아낼 지경이다. 그리스의 경
우 IMF는 부채의 절반을 탕감해 준다는데도 구조조정안을 받
아들이지 못하겠다며 공무원, 경찰, 소방관부터 시위에 나서는
판이었다. 반면 한국은 외채(외화부채) 협상 때 부채를 단 한 푼
도 탕감받지 못했다. 오히려 IMF의 고리대금에 꼬박꼬박 이자
를 내, 나중에는 IMF의 재정을 살찌운 일등공신이자 'IMF 우
등생'이라는 달갑지 않은 칭찬까지 들었다.

이에 대해 한승수 전 국무총리는 최근 "1997년 한국, 태국
(타이) 등 아시아 국가들의 구제금융 조건이 지금의 그리스, 포
르투갈, 아일랜드보다 얼마나 혹독했는지를 비교해 보면 IMF

의 보편성과 객관성을 의심하지 않을 수 없다."고 강하게 비판했다. IMF의 구조조정 프로그램을 경험해 본 아시아인이라면 누구나 공감할 만한 말이다. IMF가 미국과 유럽을 위한 '그들만의 리그'임을 새삼 드러낸 셈이다.

외환위기의 전조

대형 교통사고가 나려면 수십 가지 요인들이 한꺼번에 잘못되어야 한다는 말이 있다. 운전자의 전방주시 태만, 상대방 운전자의 방어운전 소홀, 악천후, 열악한 도로, 정비 불량, 과속 등. 아시아 외환위기도 갑자기 터진 게 아니다. 위기의 전조들은 이미 1995년부터 서서히 쌓이기 시작했다. 동아시아를 둘러싼 대내외 환경은 한국을 외환위기의 구렁텅이로 몰고 갈 수밖에 없는 내적 불안과 외적 압력을 누적시켰다. 1997년 외환위기는 그동안 쌓인 이상 조짐들이 더 버티기 어려운 임계점에 도달해 한꺼번에 폭발한 것이라 할 수 있다.

이런 징후는 수출 중심의 고도성장 전략을 추구하던 동남아시아 국가들에게도 공통적으로 확인된다. 국제금융 전문가인 김용덕 전 금융감독위원장은 『반복되는 금융위기』에서 경상수지(국제 거래에서 이루어지는 상품, 서비스 등 경상거래에 의한 수지) 적자가 지속된 데 따른 대외 불균형이 외환위기의 토양을 제공했다면, 단기외채 급증은 외환위기 발생의 직접적인 요인으로 작용했다고 보았다. 1990년대 중반부터 시작된 위기의 원인은 대체로 네 가지로 요약된다. 엔화가치 약세에 대한 환율 대응 실패,

단기외채 급증, 금융시스템 취약, 국제 투기자본의 공격이다. 한
국은 동남아시아 국가들이 겪은 위기를 똑같이 겪었으며, 위기
의 징후 역시 동일하다.

첫 번째 위기 징후는 일본 엔화가치의 약세에서 비롯되었다.
1985년 플라자합의(Plaza Accord) 이후 초강세이던 엔화가치가
1995년 5월 달러당 83엔을 고비로 약세로 돌아섰다. 엔화는
이듬해인 1996년 달러당 110엔대, 1997년엔 120엔대까지 평
가절하되었다. 엔·달러 환율이 불과 2년 사이에 50%나 오른
것이다. 반면 동남아시아 국가들은 통화가치를 달러화에 고정
시킨 고정환율제를 적용하고 있었기 때문에 엔화에 비해 급속
하게 절상될 수밖에 없었다. 이는 일본과 경쟁관계인 수출품들
의 가격경쟁력을 약화시켰다. 게다가 저임금을 내세운 중국과
1994년 외환위기를 미리 겪은 멕시코가 급부상하면서 미국시
장에서 동남아시아 국가들의 점유율은 계속 떨어질 수밖에 없
었다.

그 결과는 기록적인 경상수지 적자로 나타났다. 태국은
1994년 81억 달러이던 경상수지 적자가 1995년 136억 달러,
1997년 147억 달러로 불어났다. 인도네시아, 말레이시아, 필리
핀도 1995년을 전후해 경상수지 적자가 2배 안팎으로 급증했
다. 반면 동남아시아 각국의 환율정책은 경제여건과 동떨어져
있었다. 대외 불균형은 갈수록 심화되는데 환율이 고정환율제
에 묶여 있었기 때문이다. 동남아시아 국가들은 대략 30% 수
준의 환율 절하 요인이 있었지만 통화가치에 반영하지 못했다

는 분석이다.

두 번째 조짐은 단기외채 급증이다. 고정된 환율 아래 경상수지 적자를 메우는 방법은 해외차입뿐이다. 게다가 자본자유화로 인해 단기차입에 대한 제약도 사라졌다. 이로 인해 만기 1년 이내인 단기외채가 눈덩이처럼 불어났다. 태국의 외채는 1991년 377억 달러에서 1996년 908억 달러로 5년 새 2배 이상 급증했다. 같은 기간 인도네시아는 759억 달러에서 1,290억 달러로, 말레이시아는 171억 달러에서 398억 달러로 외채가 커졌다. 외채가 눈덩이처럼 불어난 상태에서 한꺼번에 상환 요구가 몰리면 그 어떤 나라도 견딜 수 없다.

세 번째는 취약한 금융시스템이다. 자본자유화와 대외 불균형으로 단기외채가 급증하는데도 각국 정부의 금융감독은 초보적인 수준에 머물러 있었다. 고속 성장의 여파로 생긴 부동산 거품이 수그러들자 은행들은 부실채권이 급증하기 시작했다. 또 은행산업이 정부의 지배하에 있다 보니 대출 기업에 대한 신용위험 평가도 느슨했다. 해외 채권자들도 암묵적인 정부 보증을 기대해 쉽게 돈을 빌려주었다. 1997년 위기 직전 총 외채 중 단기외채 비중을 보면 태국 46%, 말레이시아 39%, 인도네시아 24%였다(당시 한국의 단기외채 비중은 67%에 달했다). 그런 상황에서 1990년대 중반 부동산 거품이 꺼지자 은행 부실채권이 급증했고, 이는 금융시스템을 극도로 취약하게 만들었다.

네 번째로 투기자본의 공격을 빼놓을 수 없다. 절대 수익률을 추구하는 헤지펀드(hedge fund: 국제증권 및 외환시장에 투자해 단기이익을 올리는 투자기금) 형태인 국제 투기자본들에게 경제여건에 비해 환율이 고평가된 나라의 통화는 손쉬운 먹잇감이 된다. 공격대상인 국가의 통화를 선물매도로 팔았다가, 환율이 뛰면 반대로 매매해 막대한 이익을 챙길 수 있기 때문이다. 첫 번째 공격대상은 태국 바트화였다. 1990년대 경상수지 적자가 누적되고 단기외채가 급증한 태국에서 1달러당 25바트로 고정된 환율을 유지하기란 애초에 불가능한 일이었다.

바트화 투매가 벌어지자 태국 정부는 외환보유액을 풀어 방어에 나섰다. 외환보유액은 230억 달러에서 위기 직전 25억 달러까지 격감했다. 결국 태국은 1997년 7월 2일 13년간 유지했던 복수통화바스킷제도(달러, 엔 등 주요국 통화의 변동폭을 가중 평균해 자국 환율에 반영하는 사실상의 고정환율제)를 포기하고 관리변동환율제(전날 거래된 환율의 가중 평균치를 고시하고 일정 범위 내에서 등락을 허용하는 제도)로 전환했지만 이미 때는 늦었다. 환율이 뛰고 외채상환 불능상태에 직면하자 결국 그해 8월 11일 IMF에 구제금융을 신청했다.

태국을 굴복시킨 투기자본들은 인도네시아로 총구를 돌렸다. 인도네시아는 IMF의 구조조정 요구에 응하지 않고 버텼다. 하지만 끝내 모라토리엄(moratorium: 채무 지불 유예)을 선언하고 말았다. 인도네시아가 버틸 수 있었던 것은 석유 등 자원이 있었기 때문이다.

그다음 타깃은 홍콩과 대만이었다. 위기가 북상하기 시작한 것이다. 그러나 홍콩과 대만의 배후에는 중국을 비롯한 든든한

화교자본이 버티고 있었다. 투기자본들은 동남아시아에서처럼 완승을 거두지 못하고 물러났다. 타깃은 자연스레 동남아시아와 유사한 경제구조이면서 규모는 더 큰 한국으로 바뀌었다. 그 이후 전개 과정을 보면 한국 정부만 그 사실을 몰랐다고 해도 과언이 아니다.

1997년 외환위기의 재구성

적어도 한국은 다를 줄 알았다. 태국에서 출발한 위기의 파고가 비켜갈 줄 알았던 것이 1997년 당시 정부 당국자들이었다. 그들은 경제발전 단계가 다르고, 1인당 국민소득이 1만 달러가 넘고, 선진국 클럽인 OECD(경제협력개발기구)에 가입한 한국이 동남아시아 국가들과 동일선상에서 비교된다는 사실 자체를 상상하지 못했다. 관료들은 대선을 앞두고 정치적으로 흠집이 될 경제위기론을 애써 외면했다. 국민들은 정부 당국의 장담이 미심쩍었지만 믿지 않을 수 없었다. 경고 사이렌을 울려야 할 언론들도 해외 상황에 무지했다. 나라의 관심은 온통 그해 말 대선에 쏠려 있었다. 하지만 한국이 동아시아에서 가장 취약한 국가라는 사실이 드러나는 데는 그리 오랜 시간이 걸리지 않았다. 위기의 징후는 이미 잉태돼 만삭에 가까워졌던 것이다. 국제금융시장의 흐름에 대한 무지와 자만은 위기의 조기 출산을 더욱 부채질하고 있었다.

우선 동남아시아 위기의 직접적인 원인이 된 경상수지 악화에 따른 대외 불균형은 동남아시아보다 오히려 더했으면 더했지 결코 덜하지 않았다. 한국의 경상수지는 1993년 한때 흑자를 낸 것을 제외하고는 1990년 이래 계속해서 적자를 면치 못했다. 특히 1995년 OECD 가입 이후에는 적자폭이 기하급수적으로 불어났다. 경상수지 적자는 1994년 35억 달러에서 1995년 두 배가 넘는 80억 달러, 1996년에는 다시 약 세 배인 229억 달러에 달했다. 1980년대 말 3저(저원화, 저금리, 저유가) 호황이 끝난 이후 1990년부터 1997년까지 8년간 경상수지 누적 적자는 508억 달러에 이른다.

그러고도 환율은 달러당 800원대를 유지하고 있었으니 사단이 날 수밖에 없었던 것이다. 원화가치(매매기준율)는 1995년 말 달러당 774.7원에서 1996년 말 844.2원으로 올라 8.2% 절하됐다. 하지만 경상수지 누적 적자가 400억 달러 이상 쌓인데 비춰 보면 미미한 절하폭이었다. 1997년에도 경상수지 적자가 지속되고 대기업 도산이 잇따르자 환율은 급등세를 보인다. 환율은 1997년 6월 말 888.1원에서 위기가 가시화된 9월 말에는 914.8원, 10월 말에는 965.1원으로 치솟았다.

이것은 시작에 불과했다. 정부가 환율 절하 압력에 굴복하여 11월 20일 하루 환율변동폭을 상하 2.25%에서 10%로 확대하자 환율은 이틀날 103.5원 뛰어 1,139원이 되었고, 11월 말에는 1,163.8원까지 올랐다. 환율 폭등세는 12월 들어 더더욱 가팔라졌다. 12월 16일 정부가 IMF의 권고를 받아들여 하루 환율변동폭을 없애고 자유변동환율제로 바꾸자 12월 24일 환율은 하루 사이 279.5원이나 폭등한 1,964.8원으로 사상 최고

치를 경신했다. 환율 2,000원 돌파는 초읽기로 보였다. 종합주가지수도 300선이 위태로웠고, 시중 금리는 연 20%에 육박했다.

경제파국을 의미하는 '트리플 2'라는 신조어도 생겨났다. 환율 2,000원 돌파, 주가지수 200포인트대 추락, 금리 연 20%선 돌파를 가리키는 말이었다. 환율 방어를 위해 외환보유액을 쏟아부으면서 나라의 곳간은 급속히 바닥을 드러냈다. 2007년 12월 외환보유액은 불과 39억 달러였다. 국가부도는 초읽기였다.

그러나 이른바 크리스마스 선물이라는 IMF 구제금융 지원이 확정되자 환율은 12월 말 1,415.2원으로 다소 안정세를 보였다. 결국 원·달러 환율은 1년 만에 40.4%나 절하되었다. 극심한 대외 불균형을 방치한 대가이자 당연한 귀결이었다. 원화 가치는 높게, 환율은 낮게 유지한 것이 경제여건에 비해 과소비와 과도한 차입을 부추긴 요인이기도 했다.

나라가 백척간두의 위기에 몰리기까지 정부가 아무 일도 안 한 것은 아니다. 경제·금융시스템을 개혁하기 위한 논의가 진행되고 있었다. 하지만 선거를 앞둔 정치권에서는 꿈쩍도 하지 않았고 노조도 더욱 강경한 투쟁으로 내달렸다. 그래서 나온 신조어가 '나토족(NATO族)' '나포족(NAPO族)'이다. 'NATO'는 'No Action Talking Only'(실천은 하지 않고 말만 하는 사람), 'NAPO'는 'No Action Planning Only'(실천은 하지 않고 계획만 짜는 사람)의 약자이다. 1997년 10월 22일자의 한 주요 일간

지의 기사 제목은 '외환위기 남의 일이 아니다'였다. 해외에서는 동남아시아에 이어 다음 타깃으로 한국을 지목해 돈을 빼고 있는데, 국내의 위기 인식은 그저 동남아시아 꼴 안 나게 조심하라는 수준이었다.

결국 IMF로부터 총 210억 달러(실제 차입은 195억 달러)를 빌리고, 통화스와프 등 외화유동성 부족에 대한 방어 장치를 구축하고서야 외환위기는 진정되었다. 뒤이어 온 국민이 합심해 참여한 금 모으기 운동은 일제 강점기 국채보상운동을 연상시킬 만큼 큰 반향을 일으켰고, 국제금융시장에 한국이 살아날 수 있다는 믿음을 주었다. 또한 환율을 절하시키면서 1998년에는 426억 달러에 달하는 사상 최대의 경상수지 흑자를 냈다. 경상수지는 1999년 244억 달러, 2000년 148억 달러의 흑자를 이어갔다.

이런 요인들에 힘입어 IMF에 구제금융을 요청한 지 2년 9개월 만인 2001년 8월 23일에 남은 1억 4,000만 달러를 끝으로 구제금융을 전액 상환하면서 IMF의 경제신탁통치에서 벗어났다. 흥미로운 사실은 IMF에 구제금융 요청서에 임창열 당시 경제부총리가 서명할 때 사용한 만년필이 외제(몽블랑)였던 반면, 구제금융을 조기상환할 때 전철환 당시 한국은행 총재가 사용한 만년필은 국산(아피스)이라는 점이다. 이 만년필은 지금도 한국은행 화폐금융박물관에 보관되어 있다. 외환위기가 닥치고 이를 극복하기까지의 숨 가쁜 과정을 외제와 국산 만년필이 상징적으로 보여 준 것이다.

차입에 의존한 고도성장의 종말

1997년 한국이 외환위기를 겪은 이유는 무엇보다 경제의 체질이 허약해진 상태에서 너무 일찍 샴페인을 터뜨린 탓이라고 할 수 있다. 한국은 1961년부터 경제개발에 착수해 30여 년 동안 연평균 8%라는 세계 최고수준의 고도성장을 구가했다. 한강의 기적이었다. 제2차 세계대전 이후 최빈국이었던 한국은 대만과 더불어 경제의 우등생으로 평가받았다. 하지만 그 이면에는 기업들의 높은 부채비율, 단기외채 급증, 부동산 투기 등의 암세포가 쑥쑥 자라나고 있었다. 수출로 먹고사는 나라가 본업인 수출에서는 경쟁력을 잃어가는 반면 과소비 풍조는 만연하여 경상수지 적자가 쌓여 가던 상황이었다. 이렇듯 경제가 속으로 곪고 있는데도 정부는 1995년에 서둘러 선진국 클럽인 OECD에 가입했다. OECD 가입은 정권의 치적이 되었을지는 몰라도 더 이상 정부 주도의 경제개발과 부실기업에 대한 정부 개입을 기대하기 어려워진 계기가 되었다.

위기는 재무구조가 허약한 부실 대기업들의 부도로 가시화되었다. 1996년까지 누적된 경상수지 적자, 부동산 거품, 경기 침체 등이 겹쳐 경제 환경은 악화일로였다. 당시 기업의 부채비율은 평균 400%였고, 30대 그룹은 500%가 넘었다. 자기자본의 4~5배에 달하는 돈을 빌려다 사업을 벌인 것이다. 이것이 사상누각임이 드러나는 데는 오랜 시간이 걸리지 않았다.

1997년 초 재계 랭킹 18위였던 한보그룹이 부도가 났다. 정경유착과 로비로 커 온 기업이 무너지면서 정계, 관계, 재계는

벌집 쑤신 꼴이 되었다. 이어 삼미, 대농, 진로 등이 잇따라 무너졌다. 그해 7월이 되자 재계 8위인 기아그룹이 유동성 위기에 처하면서 상황은 걷잡을 수 없이 악화됐다. 정부는 야당과 노동계의 반발로 기아를 당장 정리하기 부담스러워 부도유예협약이라는 연명책을 동원했다. 대마불사(大馬不死: 덩치가 크면 죽지 않는다는 의미)이자 모럴해저드(moral hazard: 도덕적 해이)라는 비난이 쏟아졌다. 부도유예협약은 해외 투자자들로 하여금 또다시 한국 경제에 대해 깊은 의구심을 갖게 만들었다. 엎친 데 덮친 격으로 그즈음 태국을 시작으로 동남아시아 외환위기가 터져 결정적인 외부 충격으로 작용했다.

외환위기는 재계의 판도를 뒤집어 놓았다. 1997년 4월 공정거래위원회가 발표한 30대 그룹 가운데 절반인 15곳이 부도, 워크아웃(work out: 기업개선작업)으로 해체됐거나 살아남기 위해 알짜 계열사를 매각해 위상이 대폭 축소되었다. 가장 충격이 컸던 것은 1998년 재계 랭킹 2위까지 올랐던 대우그룹이었다. 대우는 1999년 유동성 위기를 맞아 끝내 워크아웃에 들어갔다. 대우중공업(현 대우조선해양), (주)대우(현 대우인터내셔널) 등이 채권단으로 넘어가 독립그룹이 되었고, 대우자동차는 GM에 팔렸다. 쌍용과 동아그룹이 무너졌고, 쌍용에서 떨어져 나온 쌍용중공업을 모태로 STX그룹이 탄생했다. 이 외에도 진로, 고합, 해태, 뉴코아, 아남, 한일, 거평, 신호 등이 문을 닫았고, 계열사들은 해체되거나 다른 그룹으로 팔려 뿔뿔이 흩어졌다. 한라, 한솔, 동양, 대상 등 4개 그룹은 자

순위	1997년 4월	비고	2011년 4월	비고
1	현대	계열분리	삼성	–
2	삼성	계열분리	현대자동차	현대에서 분리
3	LG	계열분리	SK	선경에서 개명
4	대우*	해체	LG	–
5	선경	–	롯데	
6	쌍용*	해체	포스코	민영화
7	한진	계열분리	현대중공업	–
8	기아*	해체	GS	LG에서 분리
9	한화	–	한진	
10	롯데	–	한화	
11	금호	–	KT	민영화
12	한라*	매각,축소	두산	–
13	동아*	해체	금호아시아나	–
14	두산	–	STX	–
15	대림	–	LS	LG에서 분리
16	한솔*	매각,축소	CJ	삼성에서 분리
17	효성	–	하이닉스	현대에서 분리
18	동국제강	계열분리	신세계	삼성에서 분리
19	진로*	해체,매각	대우조선해양	대우 해체
20	코오롱	–	동부	–
21	고합*	해체	현대	위상 축소
22	동부	–	대림	–
23	동양	계열분리	부영	
24	해태*	해체,매각	대우건설	대우 해체
25	뉴코아*	해체,매각	KCC	현대에서 분리
26	아남*	해체,매각	동국제강	–
27	한일*	해체,매각	S-오일	쌍용 해체
28	거평*	해체	효성	–
29	대상*	매각,축소	OCI	–
30	신호*	해체	현대백화점	현대에서 분리

외환위기 직전인 1997년 4월과 2011년 4월의 30대 그룹 비교
(*는 워크아웃 등으로 해체됐거나 위상 축소).

산매각 등 피 말리는 자구노력 끝에 살아남았다. 하지만 그룹 순위는 40~50위권으로 위상이 크게 줄어들고 말았다.

30대 그룹에서 사라진 그룹의 빈자리는 현대그룹에서 분가한 현대자동차, 현대중공업, KCC, 현대백화점과 삼성에서 분가

22 치명적인 금융위기, 왜 유독 대한민국인가

한 신세계, CJ, LG에서 분가한 GS, LS 등으로 대체되었다. 또한 공기업에서 민영화된 포스코와 KT, 채권단으로 넘어간 대우조선해양, 대우인터내셔널, 하이닉스 등도 30대 그룹의 자리를 채웠다.

은행도 절반이 망했다

외환위기의 직격탄이 부채가 많은 대기업들에 집중 투하되었다면 수많은 은행과 종합금융사(종금사)들은 그 파편에 치명상을 입었다. 은행도 망할 수 있다는 사실은 당시만 해도 받아들이기 힘든 일이었다. 대형 시중은행이 부실화되어 다른 은행에 합병되었고, 종금사들은 대부분 문을 닫았다. 증권회사도 4곳이 파산했다. 이 같은 결과는 관치금융에 익숙해 스스로 리스크를 관리할 능력을 갖추지 못한 국내 금융회사들의 필연적인 운명이었다. 외환위기라는 거대한 쓰나미가 휩쓸고 간 이후 국내 금융산업은 완전히 다른 모습으로 탈바꿈했다.

먼저 은행산업을 보자. 외환위기가 한창이던 1997년 말에는 시중은행은 16개, 지방은행은 10개 등 26개 은행이 있었다. 하지만 1998부터 2001년까지 퇴출, 합병, 매각 등으로 지금은 시중은행 7개, 지방은행 6개 등 13개 은행만 남았다. 30대 그룹과 마찬가지로 은행도 절반으로 줄어든 것이다.

흔히 '조-상-제-한-서'(조흥, 상업, 제일, 한일, 서울)로 불렸던 5대 시중은행 가운데 멀쩡한 곳은 단 한 곳도 없었다. 대출금이 많은 대기업들이 잇따라 부도가 나거나 워크아웃에 돌입하면서 은행들이 연쇄적으로 부실화되어 공적자금이 들어가지 않은 곳이 없다. 상업은행과 한일은행은 정부가 공적자금을 투입해 정부출자 은행인 한빛은행으로 합병한 뒤 나중에 우리은행으로 이름을 바꿨다. 조흥은행과 서울은행은 후발 은행인 신한은행과 한미은행에 합병되었다. 가장 부실이 심했던 제일은행은 10조 원 가까운 공적자금을 쏟아부어 살린 뒤 사모펀드(소수의 투자자로부터 모은 자금을 주식·채권 등에 운용하는 펀드)인 뉴브리지캐피털(new bridge capital)에 매각되었다. 제일은행은 이후 영국의 스탠더드차타드(Standard Chatered)은행에 매각되어 현재 SC은행으로 명맥만 유지하고 있다.

이와 함께 정부는 정부가 대주주인 국민은행과 주택은행을 합병시켜 통합 국민은행으로 출범시켰다. 은행산업의 대형화를 위해 정부가 나선 것이다. 한미은행은 역시 사모펀드인 칼라일에 팔렸다가 다시 미국 씨티그룹에 인수되어 한국씨티은행으로 이름을 바꿨다. 외환은행은 2000년대 초 현대 사태의 여파로 사모펀드인 론스타에 매각되었다가 최근 하나은행에 넘어가는 것으로 결정되었다.

외환위기 전 단자회사(단기 금융업을 하는 주식회사, 단자사)에서 은행으로 전환했던 보람은행은 같은 단자사 전환은행인 하나은행에 합병되었다. 지방에 대한 배려와 정치적 목적에 의해 설립된 동화, 대동, 동남, 평화은행은 부실화되어 다른 대형은행으로 넘어갔다. 현재 외환위기 이전 상호를 그대로 쓰는 곳은 국민, 신한, 하나, 외환 등 4곳뿐이다.

지방은행은 각 도별로 총 10개가 있었지만 마찬가지로 퇴출, 매각의 운명에 처했다. 1998년 5개 은행 퇴출 때 동화, 대동, 동남은행과 함께 경기은행과 충청은행이 문을 닫았다. 1999년 충북은행과 강원은행이 조흥은행으로 넘어갔고, 2001년 2차 은행 구조조정으로 독자 생존이 어려운 경남은행과 광주은행이 한빛은행과 함께 우리금융지주로 통합되었다. 제주은행은 신한금융지주로 넘어갔다. 이로써 지방은행 10곳 중 6곳이 남았지만 공적자금이 투입된 경남, 광주, 제주은행을 제외하면 멀쩡한 곳은 부산, 대구, 전북은행 등 3곳뿐이다. 특수은행들도 구조조정을 피해갈 수는 없었다. 장기신용은행이 부실화로 국민은행에 합병되었다. 축협은 농협에 통합되었다.

은행 구조조정으로 인해 은행원 숫자는 외환위기 전 12만 명에서 불과 2년여 만에 8만 명으로 줄었다. 은행원 3명 중 1명 꼴로 정든 직장을 떠나야 하는 아픔을 겪었다. 외환위기 전 선발 대형은행들은 기업대출 부실로 일제히 몰락한 반면, 기업대출이 미미했던 국민, 주택, 신한, 하나 등 후발 은행들이 우량은행으로 바뀌는 상전벽해가 일어났다. 외환위기가 은행산업을 송두리째 바꿔 놓은 셈이다.

	1997년	비고	2011년
시중은행 (16개→7개)	상업*	합병(한빛)	우리
	한일*		
	제일*	뉴브리지에 매각	SC은행
	서울*	하나에 합병	–
	외환	론스타에 매각	외환
	국민	합병(통합 국민)	국민
	주택*		
	신한	신한에 합병	신한
	조흥*		–
	한미*	칼라일, 씨티그룹에 매각	한국씨티은행
	하나	하나에 합병	하나
	보람*		
	동화*	신한에 합병	–
	동남*	주택에 합병	–
	대동*	국민에 합병	–
	평화*	한빛에 합병	–
지방은행 (10개→6개)	대구	–	대구
	부산	–	부산
	충청*	하나에 합병	–
	광주	우리금융에 편입	광주
	제주	신한지주에 편입	제주
	경기*	한미에 합병	–
	전북	–	전북
	강원*	조흥에 합병	–
	경남	우리금융에 편입	경남
	충북*	조흥에 합병	–

외환위기 전후 시중·지방은행의 변화
(*는 퇴출, 피합병, 매각 등으로 상호가 사라진 은행).

　　외환위기의 한 원인으로 종금사들도 꼽힌다. 1996년 24개 단자사가 대거 종금사로 전환하면서 외환업무를 시작하게 된 것이 화근이었다. 종금사들은 해외에서 단기로 외화를 빌려 국내 기업들에 장기로 대출하여 이자 마진으로 짭짤한 재미를 보았다. 그러나 외환위기로 단기차입금의 만기 연장이 막히자 동시다발로 유동성 위기에 빠졌다. 결국 단자사들은 거의 예외

없이 회생이 불가능해져 정부에 의해 일제히 퇴출되었다.

2008년 글로벌 금융위기

외환위기를 극복하고 3년도 채 안 돼 IMF 구제금융을 모두 갚은 한국 경제는 일견 순항하는 듯 보였다. 물론 금융시장의 경색을 가져온 크고 작은 위기는 계속 이어졌다. 2000년에는 현대그룹 왕자의 난, 정현준·진승현·이용호 등의 게이트, 상호신용금고 무더기 퇴출이 이어졌다. 2003년에는 SK글로벌의 회계부정, 2004년까지 이어지는 카드 사태가 연이어 일어났다. 이후 2006년까지는 서울 강남을 비롯한 부동산 거품이 전국을 강타했다. 2007년은 경제성장률이 4%대로 떨어졌고, 연말 대선을 앞두고 어수선한 분위기였다.

국내 경제상황이 좋지 않은 상태에서 세계 경제의 중심인 미국에서 위기 징후가 포착되기 시작했다. 서브프라임 모기지 론에 이상이 생긴 것이다. 미국의 주택담보대출은 프라임(prime), 알트-A(alternative-A)와 서브프라임(subprime)으로 나뉜다. 프라임은 고신용자, 알트-A는 중간 신용자를 상대로 한 대출이다. 반면 서브프라임은 신용도가 낮거나 금융거래 실적이 없는 저소득층을 대상으로 하는 비우량 주택담보대출로, 금리가 일반 모기지 대출보다 2~4%포인트 높다.

서브프라임 모기지 론이 문제가 된 것은 부동산 거품과 금리인상 때문이다. 2000년대 초저금리 환경에서 미국 부동산시장에 거품이 끼기 시작했다. 시중에 돈이 넘치다 보니 금융회사들이 경쟁적으로 대출을 늘렸고, 과거에는 돈을 빌리기 어렵던 사람들까지 대출을 받아 집을 산 것이다. 결국 미국 연방준비제도이사회(Federal Reserve Board, FRB)는 연 1.0%까지 낮췄던 기준금리를 2004년부터 17차례에 걸쳐 연 5.25%까지 대폭 인상했다. 대출금리가 높아지자 이자 부담이 커진 저소득층은 원리금을 제때 갚을 수 없었다. 집값이 계속 올랐다면 문제가 없었겠지만 2006년을 고비로 집값은 하락세로 돌아섰다. 서브프라임 모기지 론의 연체율이 20%까지 뛰면서 2007년 4월 미국의 2위 서브프라임 업체인 뉴센추리파이낸셜(New Century Financial)이 파산신청을 낸 것을 시작으로 서브프라임 모기지 론 사태가 일어난 것이다.

이것은 위기의 서곡일 뿐이었다. 서브프라임 업체들의 대출을 유동화한 파생상품에 대거 투자했던 대형 투자은행들에도 연쇄반응이 일어났다. 2008년 9월 14일 미국의 리먼 브라더스(Lehman Brothers Holdings)가 파산보호신청을 하면서 미국발 금융위기는 세계적인 신용경색을 몰고 왔다.

고스란히 재현된 1997년 위환위기

미국에서 몰려온 신용경색의 쓰나미는 한국의 금융시장을 강타했다. 환율이 뛰고, 부도위험을 보여 주는 지표인 신용부도스와프(CDS) 프리미엄도 천정부지로 치솟았다. 2008년 말 「파이낸셜타임스」 등 외신들은 금융위기에 가장 취약한 나라로 당시 해외차입을 토대로 초고속 성장을 구가했던 아이슬란드와 더불어 한국을 꼽았다.

당장 환율 등 각종 금융시장 지표들이 뛰기 시작했다. 2008년 상반기 900원대까지 내려갔던 원·달러 환율은 위기 직전 1,100원대에서 2009년 3월 초에는 1,570원까지 올라갔다. 코스피지수도 2007년 말 1,900대에 육박하던 것이 리먼 사태 직전인 2008년 8월 1,400대에서 그해 10월 하순에는 900대까지 추락했다. 신용부도스와프 프리미엄은 같은 기간 116에서 699까지 수직 상승했고, 외평채 가산금리는 193bp(basis point, 1bp=0.01%)에서 799bp로 뛰었다. 2011년 국가부도 위기를 맞은 그리스나 이탈리아 수준의 위기였다. 외채의 만기 연장률은 급기야 60% 밑으로 떨어졌다. 은행에 달러가 고갈되기 시작했다. 10년 만에 모든 상황은 외환위기의 판박이로 치닫고 있었다.

왜 유독 한국이 지목됐을까? 대기업 부채비율은 외환위기 당시 400%대에서 100% 미만으로 내려갔고 반도체, 조선, 철강, 석유화학, 자동차 등 5대 제조업도 탄탄해졌다. 은행의 건전성 지표인 국제결제은행(BIS) 자기자본비율도 10%를 넘었다. 무엇보다 외환보유액이 2,400억 달러에 달했다. 그럼에도 해외에서는 의혹의 시선을 거두지 않았다. 왜 이런 상황이 벌어진 것일까?

역시 외채가 문제였다

이번에도 문제는 급증한 외채에 있었다. 특히 만기 1년 이내인 단기외채가 의혹의 뿌리였다. 한국의 외채규모는 2005년 말 1,879억 달러로 외환보유액(2,109억 달러)을 밑돌았다. 단기외채는 659억 달러로 전체 외채의 35.1%에 머물렀다. 그러던 것이 2006년부터 외채가 급격히 늘어나기 시작했다. 2006년 말 외채는 2,601억 달러로 외환보유액(2,389억 달러)을 넘어섰고, 그 중 단기외채는 1,138억 달러로 비중이 43.7%로 불어나 있었다. 2007년 말에는 외채가 3,832억 달러에 달했다. 단기외채는 1,603억 달러(41.8%)로 2년 연속 400억 달러 이상 급증세를 기록했다. 비록 외환보유액이 2,622억 달러까지 늘었지만 외채의 절대 규모가 문제였다.

2008년 들어 상황은 더욱 악화됐다. 리먼 사태가 터진 9월 말 외채는 4,261억 달러에 이르렀고 이 중 단기외채는 2,366억 달러(55.5%)를 차지해 외환보유액(2,398억 달러)과 맞먹는 규모가 되었다. 금융위기에 취약한 나라로 한국을 꼽았던 외신들은 한국 경제의 문제점을 정확히 간파한 것이었다.

외환위기 이후 철저히 관리했던 외채가 왜 급증했을까? 세 가지 요인에 의해 달러 수요가 급증함에 따라 외환이 부족해져 결국 외환보유액으로 메우는 상황이 왔기 때문이다.

가장 큰 요인은 은행들이 단기외채를 크게 늘린 것이다. 이는 국내 조선업 호황과 밀접한 연관이 있다. 조선업체들은 해외에서 선박을 대거 수주함에 따라 대금이 들어올 때 환율 변동에 따른 환위험을 피하기 위해 미리 선물환 매도를 하게 된다. 달러를 미리 팔아 두는 것이다. 이 거래의 상대방인 은행들은 반대로 선물환 매수를 하는데, 역시 환위험을 피하기 위해 동일한 금액만큼 해외에서 달러를 들여오게 된다. 이것이 은행들이 단기외채를 늘린 주요인이다.

선물환거래는 만기일에 조선업체들이 선주들로부터 받은 선박건조 대금으로 은행에 달러를 결제하면 청산되고, 은행들은 이 돈으로 해외 차입금(단기외채)을 갚으면 된다. 2004년 이후 원화 절상이 가파르게 진행되면서 조선업체들이 달러를 보유하지 않기 위해 선물환 매도로 일관했기에 3년간 은행의 단기외채 증가 규모는 1,100억 달러에 달했다. 조선업체들의 선박 수출 규모는 2004~2005년 320억 달러, 2006~2007년 480억 달러, 2008~2009년 840억 달러에 달했다. 선물환거래는 평상시에는 별 문제가 없지만, 글로벌 금융위기가 닥치면서 선진국 은행들이 대출금을 회수하자 국내 은행들이 당장 다급해졌다. 외채가 과도한 나라로 인식돼 외국인들의 자금이 급속히 이탈했다. 더구나 외환위기를 겪었다는 낙인효과까지 더해져 한국은 위험하다는 인식이 팽배했다.

두 번째 요인은 외화대출이 급증한 것이다. 2005년 경기 호황으로 기업들의 시설투자가 급증한 데다 은행들의 덩치 키우기 경쟁까지 겹쳐 외화대출이 2006년까지 200억 달러 이상 늘어났다. 2007년 정부의 단기외채 억제조치로 증가세가 둔화됐지만 단기외채로 장기 설비자금을 대출해 준 것은 외환위기의 트라우마를 일깨우기 충분했다.

세 번째 요인은 자산운용사(투자신탁회사)들의 해외펀드에서 비롯되었다. 해외펀드 투자 붐으로 돈이 몰리자 자산운용사들은 해외 주식에 투자하기 위해 달러를 사면서 나중에 펀드를 환매해 줄 때 생길 환위험을 피하기 위해 선물환 매도 계약을 대거 체결해 뒀다. 이 금액이 2005년부터 2008년 초까지 740억 달러에 달했다. 금융위기로 해외 증시가 급락하면서 펀드환매 요구가 몰리자 자산운용사들은 해외 주식을 팔아 환매자금을 내주는 과정에서 선물환 매도를 대거 청산했다. 조선업체들의 선물환거래와 같은 구조였다. 이는 국내 외환시장에서 적지 않은 달러 매수로 나타나 가뜩이나 부족한 달러를 더욱 고갈시키는 요인이 되었다.

경상수지 흑자와 통화스와프의 힘

세 가지 요인으로 달러 수요가 한꺼번에 몰리자 결국 외환보유액 외에는 대안이 없는 지경에 이르렀다. 외환보유액은 2008년 9월 말 2,397억 달러에서 그해 말 2,012억 달러까지 내려갔다. 약 400억 달러를 시장에 푼 것이다. 그러고도 위기는 수그러들지 않았다. 국제금융시장에서는 한국의 외환보유액 2,000억 달러 선이 무너지는지에 대해 촉각을 곤두세웠다.

이때 큰 도움이 된 것이 그해 10월 30일 미국과 맺은 300억 달러 규모 통화스와프(currency swaps)였다. 미국에 원화를 주고 달러를 받아오는 대신 양국 금리차를 대가로 지불하는 것이다. 이어 중국과도 12월 12일 260억 달러 상당의 통화스와프 계약을 체결했다. 미국, 중국과의 통화스와프는 위기에 대비한 마이너스 통장과도 같은 것이었다. 위기의 나락으로 치닫던 한국에는 복음이었다. 때문에 통화스와프는 일반 국민들까지 친숙한 용어가 되었다.

하지만 2009년 들어 상황은 더 나빠졌다. 동유럽 금융위기 우려가 고조되는 데다 북한의 미사일 발사 임박설이 제기되면서 한국 특유의 지정학적 리스크가 부각되었다. 외국인의 주식 순매도가 겹치면서 원·달러 환율은 3월 2일에 1,570원까지 치솟았다. 이때 상황을 극적으로 반전시킨 것이 미국의 양적완화 발표와 우리나라의 경상수지 흑자 반전이었다. 환율은 순식간에 200원이나 떨어졌다. 4월 북한 리스크가 해소되고 외평채 발행에 성공한 데다 3월 경상수지가 대규모 흑자(67억 달러)로 나타나자 5월 들어 환율은 열흘 새 120원가량 추가 하락하며 1,200원대로 안정되었다. 외국인들이 한국 경제의 실력을 평가하는 바로미터가 바로 경상수지였음을 새삼 확인케 한 순간이었다. 그 바탕에는 한국 수출기업들의 경쟁력이 깔려 있음은 물론이다.

금융위기, 왜 유독 한국일까?

국제금융가에서 한국은 유달리 금융위기에 취약한 나라로 인식되고 있다. 세계 유일의 분단국가라는 컨트리리스크(country risk: 국가 위험)와 함께 국가부도 위기를 겪었다는 낙인효과 탓이다. 위기가 언제든 재발할 여지가 있다는 인식은 한국의 국가 신용등급(2011년 말 A+)이 외환위기 이전 수준(AA-)을 회복하지 못한 가장 큰 요인이다. 이는 코리아 디스카운트(Korea discount: 한국의 불확실성으로 인한 주가 등의 저평가 현상)를 불러왔다.

아시아 외환위기 당시 가장 큰 타격을 입은 나라이자 IMF가 요구한 고금리 처방과 냉혹한 구조조정 및 자본자유화 요구를 변변한 저항 없이 수용한 나라가 바로 한국이다. IMF의 말을 고분고분 들었기에 외환위기는 바로 극복되었다. 하지만 그로 인해 글로벌 금융위기와 재정위기라는 파고에 무방비로 노출되어 늘 마음을 졸여야 하는 것도 사실이다. 경제의 세계화가 이미 깊이 진전됐다. 이제는 우리가 아무리 경제와 금융을 잘 운용한다고 해도 높은 대외의존도로 인해 대외여건 변화에 휩쓸릴 수밖에 없는 구조가 되었다.

이유는 자명하다. 한국의 인구는 5,000만 명으로 독자적인 내수시장을 형성하기에는 미흡하다. 일본이 1억 3,000만 명의 인구를 가져 내수기반이 탄탄한 것과 대비된다. 부존자원은 거의 없고 넘치는 것은 사람(인적자원)뿐이다. 그렇기에 극성스러운 교육열이 생기고, 수출로 먹고 사는 소규모 개방경제 구조가 된 것은 필연적이었다. 지난 두 차례 치명적인 금융위기에서 나타난 현상은 무엇보다 환율 급등이다. 환율 급등은 수출에는 도움이 될지 몰라도 원유 수입비용 급증과 국내 물가상승을 수반할 수밖에 없다. 언제든 국민들의 삶이 피폐해질 수밖에 없다는 말이다.

펀더멘털은 탄탄한 한국 경제

외환위기 당시 강경식 경제부총리는 환란의 주범으로 몰려 재판까지 받게 되었다. 그는 1997년 외환위기로 치닫는 와중에도 강연이나 기자회견 때마다 앵무새처럼 한국의 펀더멘털(fundamental)은 괜찮다고 자신했다. 펀더멘털이란 한 나라의 거시적인 경제 기초여건을 의미한다. 경제성장률, 경상수지, 물가, 산업기반 등을 종합적으로 가리키는 말이다. 펀더멘털은 탄탄하다고 늘 장담했는데도 단군 이래 초유의 경제위기를 겪었으니, 강경식 전 경제부총리는 괘씸죄와 한풀이 대상으로 한동안 곤욕을 치를 수밖에 없었다.

글로벌 금융위기 때나 유럽 재정위기로 국내 금융시장이 출렁일 때도 관료들은 펀더멘털론을 전가의 보도처럼 거듭 휘둘렀다. 박재완 기획재정부 장관은 최근 IMF·세계은행 연차총회에 참석해 "국제 신용평가회사들이 한국 경제의 펀더멘털을 튼튼하게 보고 있다. 한국 경제에 자신감을 갖게 되었다."고 역설했다. 물론 틀린 말은 아니다. 수석 경제장관으로서 아무리 위기가 걱정되어도 그렇다고 말할 수 없을 것이다. 하지만 그의 말은 외환위기의 트라우마를 갖고 있는 국민의 입장에서는 미덥지 않게 들리는 것도 사실이다.

한국의 펀더멘털은 실제로 어느 나라와 비교해도 뒤지지 않는다. 경제성장률은 과거 고도성장기로 회귀할 수는 없겠지만, 여전히 4% 안팎을 유지해 OECD 회원국 가운데서도 상위권이다. 세계 최대 투자은행인 골드만삭스가 2050년 세계를 이끌 경제 강국으로 한국을 꼽은 이유도 여기에 있다. 4% 수준의 성장을 계속 이어간다면 18년마다 경제규모는 2배가 된다. 따라서 2050년이면 경제규모가 지금의 4배 이상이 된다는 계산이 나온다. 1인당 국민소득도 현재 2만 달러에서 8만 달러로 늘어날 것이라는 예상이다. 물론 4% 성장도 버거운 것이 요즘 상황이지만 말이다.

펀더멘털의 안정성을 가늠하는 소비자물가는 2011년 4.0%로 다소 오름폭이 컸지만 대개 3% 안팎에서 안정세를 보여 왔다. 경상수지는 적자를 본 해가 가끔 있기는 해도 대부분 흑자를 유지해 왔다. 외환위기와 글로벌 금융위기를 겪고도 빠르게 회복될 수 있었던 결정적인 요인은 바로 막대한 경상수지 흑자를 통해 환율 안정과 외화유동성 확보가 가능했기 때문이다.

경상수지 흑자 기조를 유지하는 원동력이 세계 수준의 경쟁력을 가진 제조업에 있음은 두말할 필요가 없다. 최근 위기에 처한 이탈리아, 그리스, 포르투갈, 스페인 같은 유럽 국가들과 확연히 구분되는 한국의 강점이다. 5대 제조업 가운데 반도체와 조선은 세계 1위이다. 자동차, 석유화학, 철강도 5위권 안에 든다. 5대 제조업이 모두 세계 5위 안에 드는 나라는 한국과 일본밖에 없다. 한국은 IT(information technology: 정보기술) 산업과 굴뚝산업이 적절히 조화를 이뤄 산업 포트폴리오가 완벽하다는 평가를 듣기도 한다. 외환위기 이전 400%였던 대기업의 부채비율은 100% 미만으로 떨어졌다. 통상 부채비율이 200% 이내면 재무구조가 건전하다고 보는데, 한국의 기업들은 그 절반 이하다. 삼성전자, 현대자동차, 포스코 등과 같이 세계적인 경쟁력을 갖춘 대표 기업들도 즐비하다.

기초 경제여건이 탄탄한 데도 나라 안팎에서 금융위기가 불거지면 환율, 주가 등 시장지표와 경기가 갈대처럼 흔들린다. 우리가 스스로를 과대평가한 것일 수도 있고, 외국인들이 한국의 실상을 더 냉정하고 정확히 간파한 것인지도 모른다. 한국이 위기에 취약하다는 점은 펀더멘털이 탄탄하면 위기에 빠지지 않는다는 논리에 허점이 있음을 보여주는 명백한 증거이다. 기본실력이 있는 학생이 늘 시험을 잘 보는 것은 아닌 것과 마찬가지다.

높은 대외의존도에 발목

견실한 펀더멘털은 한국 경제가 성장해 오면서 갖게 된 강점인 동시에 약점이다. 한국은 외형 면에서 세계 14위권 경제규모, 세계 9위 무역규모를 자랑한다. 하지만 그 이면에는 세계 최고 수준의 대외의존도가 도사리고 있다. 대외의존도는 국내총생산(GDP) 대비 무역규모를 나타내는 비율이다. 무역액(수출과 수입)을 총수요(GDP)로 나눠 100을 곱한 수치다.

우리나라의 경제성장은 대부분 무역에 의한 것이라 해도 과언이 아니다. 내수가 상대적으로 취약하기 때문이다. 그런데 수출품을 만들기 위해 원유, 철광석, 곡물 등 각종 원자재를 거의 수입해 쓴다. 따라서 원자재 가격이 뛰면 수출품 원가부담이 커져 충격을 받게 된다. 원자재를 사올 때 필요한 달러화 환율이 너무 올라도 문제가 된다. 선진국 경제가 휘청할 경우에도 그 위험에 고스란히 노출된다. 미국과 유럽연합(EU)이 최대 수출시장이기 때문이다.

한국의 대외의존도는 2010년 102.2%로 나타났다. OECD

주요국 가운데 중계무역을 하는 네덜란드를 제외하고는 가
장 높다. 1990년 50% 미만에서 20년 사이 두 배 수준으로
높아진 것이다. 선진국의 대외의존도는 제조업 강국인 독일
이 88.2%, 영국 62.3%, 프랑스 53.3%, 호주 40.1%이다. 미국
(29.0%)과 일본(25.0%)은 20%대이다. 대외의존도가 높다는 것
은 상대적으로 내수시장이 크지 않다는 말과 같다. 미국과 일
본처럼 1억 명 이상 인구를 가진 나라들은 대개 대외의존도가
높지 않은 편이다. 내수시장이 어느 정도 형성돼 있기 때문이다.

반면 인구 5,000만 명인 한국은 내수만으로는 경제성장을
이끌어 갈 수 없다. 예를 들어 자동차는 2010년 국내에서 427
만 대가 생산됐다. 이 중 내수로 146만 대가 팔렸고 나머지는
모두 수출했다. 내수만 겨냥해서는 산업을 성장시키기 어려운
것이다. 한국의 산업기반은 세계적인 경쟁력을 갖는 동시에 해
외의 경기 변화에 민감하게 반응할 수밖에 없는 구조이다. 수
출이 부진해지면 곧바로 경제성장 속도에 급제동이 걸리게 된
다. 이는 기업들의 수익성 악화로 이어지고, 은행 등 금융회사
의 부실을 늘어나게 하는 원인이다.

국제금융센터에 따르면 세계 경제 성장률이 1% 하락할 때
한국 경제 성장률은 0.76% 하락하는 것으로 분석되었다. 미국
과 중국에 대한 의존도가 급속히 심화되면서 세계 경제와의 동
조현상이 더 깊어진 것이다. 특히 중국은 한국 경제의 기회이
자 위기인 나라로 떠올랐다. 중국 경제 성장률이 1% 낮아질 경
우 한국 경제 성장률은 1.37% 내려가 더 큰 충격을 받는 것으

로 조사되었다.

문제는 역시 환율이다

한국과 같은 소규모 개방경제에서 환율은 경제 운용의 모든 것이라고 해도 과언이 아니다. 환율이 수출과 주가는 물론 경기까지 좌지우지하기 때문이다. 두 번의 위기 모두 가장 뚜렷한 증상은 외환시장에서 원·달러 환율이 폭등한 것이었다. 외환위기는 달러 부족과 과도한 외채 등 국내 요인이, 글로벌 금융위기는 해외 요인이 이유였다는 점이 차이일 뿐이다.

환율이 뛰기 시작하면 증시에서 외국인 투자자들은 자금을 빼기 마련이다. 달러를 가져와 환전하여 국내 주식을 샀는데, 환율이 오르면 주식을 되팔아 달러로 바꿔 나갈 때 얻는 총액이 줄어들게 된다. 주가 등락과는 별도로 앉아서 환차손을 입는 것이다. 따라서 외국인 입장에서는 환율 오름세가 예상될 경우 서둘러 자금을 뺀다. 이는 곧바로 주가 급락으로 이어지고, 외국인이 주식을 판 자금을 달러로 환전하려는 수요가 몰려 환율이 더욱 급등하는 악순환이 이어진다. 외환시장에는 달러의 씨가 마르게 되고, 금융회사들은 외채의 만기 연장이 어렵게 된다. 마지막 단계에서는 한국은행이 급기야 외환보유액을 헐어 달러를 외환시장에 공급한다. 이것이 일종의 위기 공식이다.

국내 외환시장에서 환율을 결정하는 요인은 우선 달러가치의 움직임이다. 국제금융시장에서 달러화가 강세이면 환율이 오르게 마련이다. 일본 엔화와 중국 위안화도 원·달러 환율 움직임에 직간접적으로 영향을 미친다.

다음으로 경상수지를 들 수 있다. 수출이 원활하고 경상수지가 흑자를 유지한다면 환율은 서서히 내림세를 보이며 안정을 유지할 수 있다. 그러나 수출이 부진하고 경상수지가 적자로 돌아선다면 환율이 뛸 것을 염두에 두고 대응해야 한다. 반도체, 자동차, 조선, 석유화학 등 수출기업들이 주로 외화를 시장에 공급하기 때문이다.

세 번째 요인은 경상수지와 연관되어 있는 원유 등 원자재 가격의 변동이다. 원자재 가격이 오르면 수입대금 결제를 위한 외화 수요가 커져 환율이 오르게 된다. 전량 수입에 의존하는 원유의 가격 상승은 경제를 취약하게 만드는 요인이다.

네 번째로 미국 뉴욕, 싱가포르, 홍콩 등에 열린 NDF(차액결제선물환) 시장의 움직임이다. NDF는 일정 계약 기간 후에 선물환율과 현물환율의 차액만큼을 결제하는 파생상품(일종의 선물환거래)이다. 이들 시장에서 형성된 달러 선물환율이 국내 외환시장의 달러 현물환율에 영향을 주는 것이다. 특히 뉴욕 NDF 시장은 우리나라의 원·달러 환율에 직접적인 영향을 미친다. 문제는 NDF가 달러의 실물거래 없이 선물환율과 현물환율의 차액만 주고받는 거래이기 때문에 적은 돈으로도 큰 거래를 할 수 있어 투기적인 성격을 띤다는 점이다. NDF 시장의 거래규모는 하루 40억~50억 달러에 달한다. 국내 외환시장의 거래량이

하루 100억~200억 달러 수준임을 감안하면 결코 무시할 수 없는 금액이다. 이 때문에 외환시장에서는 꼬리(NDF 시장의 선물환율)가 몸통(원·달러 환율)을 흔드는 '왝더독(wag the dog)'이 종종 나타난다.

환율이 오를 때 걱정스러운 점은 국내 물가이다. 원유는 물론 원당, 밀, 콩, 등 식량 원자재들을 대부분 수입에 의존하고 있어 소비자물가가 뛰게 된다. 따라서 정부의 경제정책 중 가장 중요한 정책이 환율정책이라고 보아도 무리가 아니다. 2011년 들어 소비자물가가 4%대로 고공행진을 한 가장 큰 이유도 수입물가 상승률이 10%대에 달했기 때문이다.

한국 외환 당국도 다른 아시아 국가들과 마찬가지로 환율이 일정 범위 내에서 움직이기를 희망한다. 수출과 물가 안정에 도움이 되기 때문이다. 이를 위해 외환 당국은 수시로 스무딩 오퍼레이션(smoothing operation: 미세조정)에 나선다. 환율이 급등락할 때 흔히 볼 수 있는 언론 보도가 "외환 당국이 구두 개입에 나섰다."는 것이다. 외환 당국자가 "환율 급등(또는 급락)을 주의 깊게 지켜보고 있다."는 식으로 언급하여, 달러를 거래하는 금융회사 외환딜러와 수출기업들에게 영향을 미치려는 것이다. 구두 개입으로도 환율이 진정되지 않을 때는 외국환평형기금을 통해 외환 당국이 직접 달러를 사고판다. 환율변동폭을 줄여 기업 기관 외국인 등 시장참가자들이 과민반응하지 않도록 하기 위한 목적이다. 이것으로도 모자랄 때는 마지막 수단으로 한국은행이 외환보유액으로 보유한 달러를 시장에 풀거나 기업들이 시장에 쏟아져 나온 달러를 사들인다. 물론 외환위기나 금융위기는 이런 수단을 총동원하고도 환율 급등을 제어할 수 없게 된 상황을 가리킨다.

투기자본의 천국이 된 자본시장

한국 경제가 위기에 취약한 또 다른 요인은 주식, 외환 등 금융시장이 너무 활짝 열려 있다는 점을 꼽을 수 있다. 외환위기 당시 IMF의 요구사항은 크게 보면 구조조정과 자본거래의 완전자유화였다. 구조조정 요구를 받아들여 빚으로 덩치만 키웠던 기업과 은행의 재무구조를 획기적으로 개선한 점은 긍정적이라고 할 수 있다. 하지만 자본거래의 빗장이 완전히 풀려서 투기자본이 활개를 칠 멍석을 깔아줬다는 비판도 거세다.

한국 증권시장의 외국인 비중은 세계 최고이다. 작년 말 한국의 GDP 대비 외국인 주식 보유비중은 32.1%였다. 이는 미국(14.1%), 일본(13.9%), 독일(19.9%), 프랑스(27.8%)보다 훨씬 높다. 외국인 투자자는 대개 연기금이나 은행, 증권, 보험사 등 기관투자가들이다. 이들은 대형 우량주를 선호한다. 그렇기에 시가총액 1위인 삼성전자의 외국인 지분율이 2011년 11월 말 기준 50.7%에 달하고, 현대자동차는 41.6%, 포스코는 48.6%에 이른다.

세계 경제가 순항할 때는 외국자본이 대거 밀려와 국내 주가를 밀어 올린다. 그러나 리먼 사태 때처럼 세계 경제가 갑자기 나빠져 외국 기관투자가들도 보유 주식을 처분해야 할 상황이 오면 환금성이 좋은(주식을 팔아 현금화하기 쉬운) 한국 주식을 먼저 내다 팔기 마련이다. 최근 유럽의 재정위기로 유동성이 부족해진 유럽 기관투자가들이 한국 주식을 대거 팔아 본국으로 인출해 간 것도 그런 이유에서다. 일각에서는 한국 증시의 높은 환금성에 빗대어 외국인이 마음껏 돈을 넣고 뺄 수 있는 ATM(현금자동입출금기)에 비유하기도 한다.

또한 증시를 움직이는 시가총액 10위 이내 종목 중 7개가 수출 대기업이다. 세계 경제 흐름에 민감할 수밖에 없다. 2008년 리먼 사태처럼 세계 경제가 급속히 나빠질 조짐이 보이면 수출비중이 높은 한국 대기업들의 수익성 저하가 예상돼 외국 자본이 이탈하고 주가가 급락하게 마련이다.

이와 함께 한국 자본시장의 가장 큰 문제점은 개방 정도는 선진국 수준이면서 주식 거래에서 생기는 자본이득(매매차익)에는 세금을 물리지 않는다는 점이다. 국내외 투자자들은 대주주를 제외하고는 주식거래로 생긴 수익에 대해 세금을 내지 않아도 된다. 자본이득을 과세하지 않는 것은 과거 정부가 자본시장 육성을 명분으로 비과세 정책을 펴 왔고, 과세 논의가 있을 때마다 주식투자자들의 강한 반발과 증시 침체 우려로 정책을 추진하지 못했기 때문이다. 변동성이 높은 증시는 금융위기에 시장참가자들을 더욱 예민하게 만들었고, 국제 투기자본의 단기간 주식 매매 '먹튀(먹고 튀기)'에 더없이 좋은 환경을 제공했다.

선진국들은 대부분 주식 양도차익에 대해 과세한다. 특히 보유기간이 짧을수록 자본이득세를 높게 매겨 투기적인 거래를 견제한다. 미국의 경우 주식 보유기간이 1년 이상이면 10~20%, 1년 미만이면 15~39.6%의 높은 자본이득세를 부과한다. 장기 투자를 유도해 증시의 변동성을 줄이려는 목적이다.

한국은 세금 부담이 없어 주식을 사고팔아 이득을 보면 언제든 챙겨 나갈 수 있다. 그렇기에 한국 증시는 금융위기가 닥쳤을 때 시장 변동성이 세계 최고 수준으로 치솟는다. 따라서 이제는 자본이득 과세를 공론화할 때가 됐다는 지적이 많다.

증시는 세계 17위, 파생상품 거래는 1위

한국의 주식시장 규모(시가총액)는 세계 17위인데, 주식 거래대금은 세계 9위이다. 특히 주가지수선물, 옵션 등 파생상품은 하루 평균 1,700만 계약, 64조 원이 거래되는 부동의 세계 1위이다. 한국거래소는 자랑스레 홍보하고 있지만 이는 결코 자랑할 일이 아니다. 상장된 주식에 비해 거래가 유달리 많다는 것은 단타매매가 잦다는 이야기다. 특히 현물시장과 선물시장의 차이가 이렇게 큰 것은 어딘가 분명히 불균형 상태라고 보면 틀림없다.

주식 현물시장에 비해 파생상품 시장이 과도하게 커진 탓에 외환시장의 NDF처럼 증시에서도 꼬리(코스피 선물지수)가 몸통(코스피지수)을 흔드는 일이 종종 생긴다. 2010년 11·11 옵션쇼

크처럼 실제로 그런 사례가 나타나기도 했다.

단타매매가 잦고 파생상품 거래가 활발한 것은 한국인 특유의 투기성이 원인이라는 분석도 있다. 실제로 코스닥시장은 개인의 주식거래 비중이 90%에 달할 정도다. 하지만 파생상품시장은 이야기가 다르다. 하루 2만 건 이상 고빈도 매매자를 보면 지수선물 거래의 98.0%, 지수옵션의 75.6%가 외국인이다. 먹을 게 많고 환금성도 좋기에 외국인들이 달려든다는 이야기이다. 팔고 나가는 데 제약이 없고 세금도 없다. 투기자본이 군침을 흘리는 시장이 된 이유와 무관하지 않다. 이를 뒤집어 보면 한국 증시는 잔잔한 바다 같다가도 언제든 태풍이 몰아칠 수 있다는 의미이다.

주식, 외환 등 금융시장이 흔들릴 때 심리적으로 더 크게 위축되어 실제로 위기를 맞았던 것이 한국이다. 금융시장은 변동성을 먹고 산다. 움직이지 않거나 예측할 수 있다면 시장이 아니다. '오마하의 현인'으로 불리는 워런 버핏이 "시장이 항상 효율적이기만 하다면 나는 깡통을 든 거리의 부랑자가 되었을 것이다."라고 말했던 것도 이런 이유에서다. 변화무쌍하게 움직이는 시장에 수익의 기회가 있다. 하지만 변동폭이 과도하여 실물경제까지 뒤흔드는 한국의 금융시장은 분명 문제가 있다. 외환위기 이후 시장을 너무 열어 준 결과다.

한국은 작은 나라가 아니다

한국인들은 대개 한국이 약소국, 개발도상국 또는 작은 나라라는 고정관념을 갖고 있다. 한국은 제2차 세계대전 이후 신생독립국이었고 해방 후 불과 5년 만에 극심한 내전을 겪으면서 국토는 만신창이가 되었다. 게다가 1960년대 초까지만 해도 세계에서 가장 가난한 나라 중 하나였다. 식민 지배를 받았으니 약소국이고, 나라 면적은 68위에 부존자원도 없으니 작은 나라라고 여길 법하다.

하지만 다른 나라들은 한국을 작은 나라로 보지 않는다. 우선 경제규모는 세계 14위이고 수출은 세계 7위이며 무역규모는 세계 9위다. 세계 1위인 상품도 50여 개에 이른다. 이것만 해도 한국을 개발도상국으로 봐 달라고 요구하기가 어색한 수준이다.

1인당 국민소득은 2만 달러를 넘어 세계 30위권이다. 이 중 한국보다 인구도 많고 1인당 국민소득도 높은 나라를 꼽으면 몇 나라나 될까? 미국, 일본, 독일, 영국, 프랑스, 이탈리아 6개국뿐이다. 이들 6개국에 캐나다를 더하면 G7(선진 7개국)이 된다. 놀랍지 않은가? 네덜란드, 스위스, 스웨덴 같은 유럽 국가들이나 캐나다, 호주 등은 1인당 국민소득은 한국보다 훨씬 높지만 인구가 한국의 절반 이하다. 쿠웨이트, 카타르, 아랍 에미리트 등 중동 국가들도 마찬가지다. 따라서 한국이 못사는 나라라고 주장하면 해외에서는 이상하게 본다. G20 정상회의를 서

울에서 개최한 것만 보아도 한국은 적어도 경제나 영향력 면에
서 세계 20위 안에 드는 나라로 보는 게 정상이다. 원조를 받
던 나라에서 50년 만에 원조하는 나라가 된 유일한 사례이기
도 하다.

그렇기에 한국 경제의 움직임은 해외에서도 늘 주시 대상
이 될 수밖에 없다. 외국인 투자자들이 수백억 달러를 투자
한 나라이기에 더욱 그렇다. 중국과 일본은 서로 견제하기 위
해 항상 한국을 자기편으로 끌어들이려고 노력한다. 노무현
정부 시절 '동북아 균형자론'이나 최근 한·미 FTA(free trade
agreement: 자유무역협정) 비준 이후 'FTA 허브(중심국가)론'이 제
기된 것도 같은 맥락이다. 따라서 경제운용이 꼬이거나 허점을
보일 때는 외국인들은 여지없이 민감한 반응을 보인다. 한국을
작은 나라로 여기는 고정관념에 동남아시아나 중남미 수준의
개도국으로 생각하고 정책을 편다면 오류와 혼란이 발생할 수
밖에 없다.

한국 경제의 리스크 진단

　금융위기는 언제든 또 올 수 있다. 금융은 경제활동의 필수적인 수단이지만 쏠림이 일어나면 대중의 탐욕을 증식시킬 수 있는 위험성을 내포한다. 모두가 열광했던 요란한 잔치일수록 끝난 뒤의 허망함이 더 크기 마련이다. 경제의 거품도 크면 클수록 그 결과는 더욱 참담해진다.

　거품 한복판에서는 정작 거품에 빠져 있음을 느끼지 못한다. 당장 수익이 난다면 위험성에 대한 그 어떤 경고도 귀에 들어오지 않는다. 그렇기에 무수한 위기를 경험하고도 또다시 위기의 나락으로 빠져드는 것이 사람이요 세상사이다. 지금의 한국 경제는 또다시 금융위기가 닥칠 만한 위험요인들을 두루 내포하고 있다. 철저히 경계하고 대비한다면 충격을 줄일 수는 있어도 이미 위기 초입에 들어서 완전히 피할 수는 없는게 현실이다.

　다시 금융위기가 재발한다면 그 뇌관은 무엇보다 가계부채라는 예상이 지배적이다. 가계부채는 이미 900조 원에 달한다. 장기간 초저금리가 유지되면서 대출이자가 내려가자 너도나도 대출 창구로 달려간 결과다. 대출받아 산 집값이 계속 올라 대출금 이자를 내고도 남았기 때문이다. 은행, 보험, 저축은행 등 금융회사들은 외형(자산 규모) 경쟁을 벌이면서 너도나도 대출 세일에 나섰다. 금융회사의 자산은 예금을 많이 받아 대출을 늘릴수록 커진다. 미국에서 과잉부채로 인한 서브프라임 모기지 론 사태가 끝내 글로벌 금융위기로 이어졌던 과정과 흡사하다.

　두 번째 리스크는 부동산이다. 가계부채의 대부분은 부동산(주로 아파트)에 잠겨 있다. 부동산 불패 신화 속에 집값이 뛰자 너도나도 대출을 받아 서둘러 집을 샀다. 이런 개인들은 당장 원금을 갚을 능력은 없어도 이자는 낼 수 있다. 그러나 집값은 서서히 가라앉기 시작했다. 아직 실업자가 급증하지는 않았고 집값 하락폭도 미미하기에 미국처럼 가계부채 거품이 당장 꺼질 수준은 아니다. 하지만 집을 팔겠다는 사람은 점점 늘어나는 반면, 사려는 사람은 거의 없고 전세를 얻으려는 사람이 늘어나는 상황이 3년째 이어지고 있다. 부동산발 위기를 걱정하지 않을 수 없는 이유다.

　세 번째 리스크로 고령화를 꼽을 수 있다. 부동산 경기가 침체국면에 접어든 이유도 고령화와 무관하지 않다. 712만 베이비붐 세대(1955~1963년생)의 만형 격인 1955년생은 이미 정년퇴직을 맞았다. 베이비붐 세대의 취업자 530만 명 중 자영업자를 제외한 임금근로자 312만 명이 해마다 30만~40만 명씩 정년퇴직을 맞는다. 이 중 노후준비가 되어 있다는 사람은 절반에 불과하다. 자영업자들은 정년이 없다지만 장사가 안 되니 어렵기는 마찬가지다. 결국 살던 집을 줄여 가며 생활비를 보태고 자식들 결혼도 시켜야 하는 게 베이비붐 세대의 현실이다.

반대로 20~30대 젊은 세대는 일자리의 덫에 빠져 있다. 비정규직이 600만 명에 달하고 제대로 된 일자리 구하기는 하늘의 별따기다. '이태백(20대 태반이 백수)' '88만원 세대(월수입 88만 원짜리 비정규직)' '3포 세대(연애·결혼·출산을 포기한 세대)' 같은 우울한 유행어들이 가득하다. 젊은 세대가 취업하고 일자리를 갖고 결혼하여 자녀를 낳고 내 집 마련에 나서야 주택 매물이 소화될 텐데, 사정은 정반대다. 주택시장의 수급 불일치는 점점 깊어지고 있다. 또한 아이낳기를 꺼려 심화되고 있는 저출산은 앞으로 경제성장을 이어갈 생산인구 부족으로 이어져 심각한 문제를 낳을 것이란 우려 섞인 전망도 많다.

이런 경제, 인구요인 외에도 이념 대립, 세대 간 대립 등 사회의 갈등과 반목도 리스크 요인으로 꼽을 수 있다. 대화를 통한 타협이 어려운 사회구조는 엄청난 갈등비용을 유발하여 성장 동력을 갉아먹는 요인이 된다. 지금과 같은 상태라면 어떤 경제적 리스크보다도 위기를 유발할 원인이 될 수도 있다.

이 같은 네 가지 리스크는 하나씩 해소할 수 있는 문제가 아니라 굴비처럼 엮여 있기에 더욱 위험하다. 다시 금융위기가 온다면 충격의 파장이 이전 두 차례 금융위기보다 훨씬 커질 수도 있다. 지난 30년은 한민족 5,000년 역사에서 중국보다 잘 살게 된 유일한 시기였지만 앞으로도 우위를 유지할 수 있을지는 의문이다. 지금은 중국에 가서 발마사지를 받고 오지만, 거꾸로 우리가 중국 사람들에게 발마사지를 해 줘야 할 날이 멀지 않았다는 말까지 나온다. 한국 경제가 안고 있는 4대 리스크를 점검함으로써 먼저 우리의 현실을 진단해 보자.

시한폭탄이 된 가계부채 900조 원

과거 고도성장기에는 투자 재원이 부족한 기업이 늘 돈을 빌리는 쪽이었고, 가계는 항상 저축하는 쪽이었다. 그러나 외환위기 이후 기업의 차입경영이 종말을 고하면서 기업은 빚을 줄이는 쪽에 집중했다. 정부는 부채비율을 200% 이내로 낮추도록 강제했고, 결국 기업들의 부채비율은 평균 100% 미만으로 낮아졌다.

기업의 대출요구에 콧대를 세웠던 금융회사들은 돈을 빌려 줄 곳이 없어 대출 세일을 벌여야 하는 상황을 맞았다. 두 자릿수(연 10%대)였던 대출금리가 연 5% 이하로 내려갔음에도 우량 대기업들은 대출받기를 주저할 정도가 되었다. 차입금 제로인 기업들도 속출했다. 일부 기업은 오히려 남아도는 여유자금을 은행에 예금하기에 이르렀다. 한국은행의 분석에 따르면 대기업의 차입금 의존도는 1990~1995년 45.5%에서 2005~2010년 19.3%로 떨어졌다. 중소기업의 차입금 의존도 역시 같은 기간 42.2%에서 35.0%로 낮아졌다.

기업이 돈을 안 쓰니 은행에 돈이 넘쳐나는 가운데 2000년대 들어 부동산 값이 뛰기 시작했다. 아파트 값이 하루가 다르게 치솟자 개인들은 하루라도 빨리 집을 사기 위해 은행으로 달려갔다. 대출이자가 싸고 어디서나 돈 빌리기가 수월해지자 대출을 받아 집을 사는 게 대유행이 되었다. 재테크에 밝은 사람들은 아예 통상 3년간 내야 할 이자까지 대출금에 합산한 금액을 빌려 집을 샀다. 대출금은 더 커지지만 이자 부담으로 인해 생활비가 적어지는 것을 방지하기 위한 목적이었다. 양도소득세가 면제되는 3년 보유기한을 넘겨 집을 팔면 이자보다 몇 배나 더 큰 차익을 남길 수 있다고 믿었기 때문이다. 금융회사들도 예금과 대출의 이자 차액(예대마진)을 따먹는 것만큼 손쉬운 장사가 없기에 대출 모집인까지 두고 하루하루 대출 실적 경쟁을 벌였다.

연도	1997	1998	1999	2000	2001	2002	2003	2004
가계부채 (조 원)	211	184	214	267	342	464	472	494
연도	2005	2006	2007	2008	2009	2010	2011	
가계부채 (조 원)	543	606	665	724	779	847	892	

국내 가계부채 증가 추이.
각 연도 말 기준이며 2011년은 9월 말 기준(한국은행 자료).

그 결과가 오늘날 900조 원에 육박하는 가계부채다. 가계부채는 2011년 9월 말 892조 5,000억 원으로 집계되었다. 대출금이 841조 9,000억 원, 신용카드 등에 의한 외상구매인 판매신용이 51조 5,000억 원 정도다. 2010년 말에 비해서는 43조 4,000억 원 늘어난 것이다. 한 해에 50조 원가량 늘어나는 추세여서, 2013년이면 1,000조 원을 돌파할 것으로 전망된다.

해마다 경제규모와 소득이 커지므로 가계부채의 절대 금액이 높아졌다고 무조건 위험한 것은 아니다. 그러나 가계부채를 GDP(국내총생산)와 견줘 보면 위험도가 어느 정도인지 가늠할 수 있다. 외환위기 직후인 1998년 가계부채는 184조 원이었다. 그해 GDP는 501조 원으로, GDP 대비 가계부채 비중은 36.7%였다. 그러나 4년 뒤인 2002년 가계부채는 2.5배인 464조 원으로 급증했다. GDP 대비 가계부채 비중도 64.5%에 달하여 역시 거의 2배로 치솟았다. 결국 2003년에는 빚을 내서 소비하던 개인들에게 닥친 국지적인 금융위기였던 카드 사태가 터졌다. 카드 사태는 정부 당국자와 경제학자, 언론으로 하여금 눈덩이 가계부채를 주목하게 만든 계기가 되었다.

그럼에도 가계부채는 해마다 50조 원 안팎씩 줄곧 증가했다. 이에 따라 GDP 대비 가계부채 비중은 2008년 70%를 넘었다. 2010년에는 GDP 1,172조 8,000억 원에 가계부채가 847조 원으로 그 비중이 72.2%까지 올랐다. 1998년부터 2010년까지 12년 동안 GDP가 134.1% 늘어나는 동안 가계부채는 360.3%나 급증했다. 증가율 면에서 가계부채가 GDP의

약 3배에 이른다. 경제성장 속도에 비해 가계부채는 과속성장을 한 셈이다. 과속성장은 반드시 그 대가를 치른다. 실물경제의 성장속도를 초과하는 금융은 거품이 끼었다고 봐야 한다.

가계부채는 들여다볼수록 시한폭탄이 될 가능성이 높다는 느낌을 지우기 어렵다. 가구당 부채는 2011년 3월 말 기준 5,205만 원이다. 전체 가구 중 빚이 있는 가구는 2010년 59.8%에서 2011년에는 62.8%로 더 늘었다. 빚이 있는 가구만 놓고 보면 가구당 부채는 8,300만 원에 이른다는 계산이 나온다.

전체 가구가 가계부채로 인해 부담하는 이자만도 한 해 56조 원에 이른다. 1인당 110만 원 꼴이다. 4인 가구로 따지면 한 가구가 연간 440만 원을 부담하는 셈이다. 도시근로자 가구가 매달 수입에서 지출을 뺀 흑자액이 2011년 1분기에 월 평균 90만 8,406원이었다. 결국 가계부채를 짊어진 도시의 4인 가구라면 가계 흑자의 약 5개월 치를 원금도 아닌 이자를 갚는 데 써야 한다는 뜻이다. 이 뿐만이 아니다. 한 부동산 정보업체의 조사에 따르면 2010년 말부터 2011년 8월까지 서울 아파트 전세가격이 월 평균 233만 7,500원이나 올랐다고 한다. 매달 전세가격 상승액이 가계의 평균 흑자액의 2.6배에 달한 것이다.

사정이 이렇다 보니 최근 들어 대출금의 이자를 못 내는 가구가 서서히 늘어나고 있다. 가계대출 연체율은 2011년 10월 말 기준 0.75%로 아직 1% 미만이지만, 최근 2년 사이에 가장 높은 수준이다. 대기업과 중소기업 모두 대출 연체율이 1%를 넘긴 상황에서 가계대출마저 부실화된다면 아무리 수출이 현상유지를 한다 해도 경기급락이 우려된다.

대출금 이자와 전세가격이 뛰고 소비자물가도 4~5%나 오르니 다들 먹고살기 힘들다고 하소연하는 상황이다. 중산층과 서민들은 씀씀이를 줄이고 허리띠를 졸라맬 수밖에 없다. 자영업자들은 장사가 외환위기 때보다 더 안 된다고 아우성이다. 이런 구조에서는 내수소비가 활성화될 수 없다. 가계가 빚을 내 소비를 하는데도 소비 증가율이 경제성장률을 밑도는 상황이 6년째 이어지고 있다. 빚으로 버티는 것도 한계에 가까워졌다는 증거다.

가계부채의 이자 부담이 내수를 옥죄는 가운데 수출시장인 선진국의 경제위기가 앞으로 10년은 이어질 것이라는 전망이 나온다. 수출로 먹고사는 한국은 나홀로 버틸 수 있는 나라가 아니다. 외국계 투자은행(investment bank, IB)들은 당장 2012년 한국의 경제성장률을 평균 3.6%로 점치고 있다. 정부조차 경제성장률을 2011년 3.8%에서 2012년 3.7%로 낮춰 잡았다. 4% 미만의 경제성장이 계속된다면 젊은이들이 제대로 된 일자리를 구하기는 더욱 어려워질 것이다.

부동산, 불패인가 필패인가

과거 고도성장기에는 인구밀도가 세계 3위인 한국에서 부동산만큼 확실한 재테크 수단은 없었다. 샐러리맨들은 직장을 갖자마자 내 집 마련을 첫 번째 목표로 삼았을 정도다. 내 집을 갖는 것은 성공의 척도로 여겨졌고, 든든한 노후를 상징하는 것이기도 했다. 그렇기에 지난 수십 년 동안 부동산 경기는 잠시 주춤한 적은 있어도 줄곧 오름세였다. 시중에 돈이 넘치는 호경기이거나 주택 공급이 부족한 시기에는 여지없이 폭등세를 보였다.

물론 외환위기와 글로벌 금융위기 같은 큰 충격을 받았을 때는 집값이 급격히 하락하기도 했지만 곧바로 이전 수준을 회복했다. 그러니 신문 헤드라인에 '부동산 투기 공화국' '투기 망국론' 같은 표현들이 자주 등장하고 개인들의 자산 80%가 부동산에 잠겨 있다는 통계가 나오는 것은 당연한 결과였다.

그런데 2008년 말부터 상황이 조금씩 달라지기 시작했다. 글로벌 금융위기 직후 국내외 일부 전문가들이 부동산 대폭락 경고를 내놓은 것도 이 즈음이었다. 국내에서는 2008년 10월 한 민간연구소가 『부동산 대폭락 시대가 온다』라는 충격적인 제목의 책을 펴냈다. 당시만 해도 부동산 폭락을 언급하는 것을 금기로 여겼던 터라 부동산시장에 논란의 불을 지폈다. 앞서 부동산 폭락사태를 경험한 일본의 선례가 있기에 부동산 불패 신화에 의구심을 갖게 된 것이다.

해외에서도 서브프라임 모기지 론 사태에 이어 상업용 부동산의 폭락을 걱정하는 목소리가 커졌다. 헤지펀드의 황제로 불리는 조지 소로스(George Soros, 1930~), 기업사냥꾼이자 거물

투자자인 윌버 로스(Wilbur Ross, 1937~), 모건스탠리 홍콩의 수석 애널리스트인 앤디 시에(Andy Xie, 1962~) 등은 "미국 부동산이 대폭락(high crash) 시대에 들어섰다." "세계 주요국 부동산이 30~50% 폭락할 것이다." 등의 비관적인 전망을 앞다퉈 내놓았다.

하지만 많은 사람들은 여전히 '역시 부동산'이라는 믿음을 갖고 있었다. 부동산만큼 인플레이션을 커버해 줄 수 있는 수단이 없다는 확신이었다. 또한 부동산은 가계부채의 안전판이기도 했다. 그렇기에 부동산 폭락론에 대해 반발하는 역풍도 거셌다. 이는 한국 경제가 금융위기의 충격에서 빨리 벗어났다는 점과 맞물려, 집값이 폭락한 선진국들과 달리 금융위기에도 부동산 가격이 별로 떨어지지 않고 있는 요인이기도 하다.

오른쪽 그래프에서 볼 수 있듯이 외환위기 직후 서울지역 주택매매가격 종합지수(2011년 6월 100 기준)는 1997년 50.8에서 1998년에는 44.1로 급락했다. 그러나 1~2년 만에 종전 수준을 회복하고 2001년 말에는 54.2까지 치솟아 외환위기 이전 수준보다 오히려 더 올랐다. 1차 급등기를 거쳐 2003년 10월에는 71.9를 기록하던 지수는 2004년 말 70.0으로 소폭 내렸다. 카드 사태의 여파로 집값이 아주 조금 하락세를 보였기 때문이다. 이어 금리하락과 가계대출 급증에 힘입어 서울 집값은 2005년부터 2009년까지 5년간 2차 급등세를 보인다. 2009년 말에는 100.5까지 치솟았다. 그러나 성장 정체, 일자리 부족에다 집값이 계속 오르기 어렵다는 전망이 확산되면서 2010년부

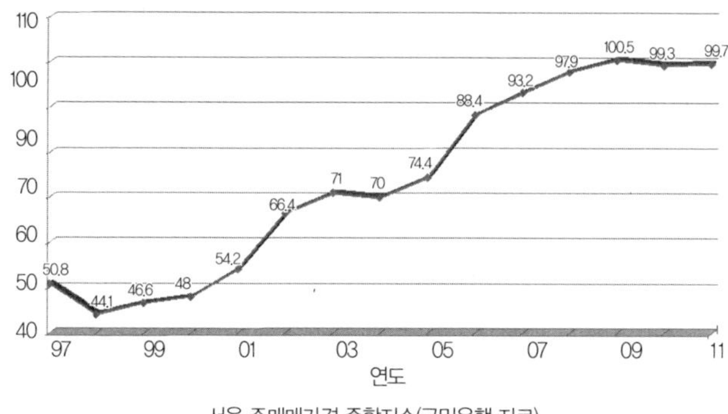

서울 주매매가격 종합지수(국민은행 자료).
2011년 6월 100 기준.

터는 소폭 내림세를 보이고 있다. 로또로 불리는 보금자리 주택의 보급 확대의 여파로 2011년 들어서는 2009년 정점 수준을 회복하지 못하고 있다.

최근 특징적인 사실은 비수도권 집값이 오히려 오른 반면 수도권의 약세가 두드러진다는 점이다. 전국의 주택매매가격 종합지수는 2009년 말 94.1에서 2011년 말 102.4로 올랐다. 강한 상승세 속에 거래도 활발하고 미분양도 줄어들고 있다. 반면 서울 등 수도권은 거래부진과 집값 하락이라는 이중고에다 미분양도 늘고 있다. 부동산 경기의 온도차가 확연히 드러나는 것이다.

이 같은 현상은 수도권과 비수도권 간의 주택 초과공급 조정속도, 가계부채 부담 차이, 주택 구입능력 차이 때문에 나타난다는 게 전문가들의 설명이다. 쉽게 말해 2009년까지 수도권의 집값이 뛰는 과정에서 상대적으로 소외되었던 비수도권이

뒤늦게 키 맞추기를 하는 셈이다. 하지만 수도권의 부동산 침체가 이어지는 가운데 비수도권의 상승세가 멈출 경우 부동산 거품 문제가 표면화될 것이란 우려도 제기된다. 현대경제연구원은 부동산시장에 비수도권의 인플레이션과 수도권의 디플레이션이 동시에 일어나는 '바이플레이션(bi-flation)' 현상이 지속되고 있지만, 결국 비수도권이 수도권의 거품 붕괴 전철을 밟을 것이라고 경고했다. 심지어 2015년쯤 부동산 거품이 붕괴될 것이라는 책까지 나왔다.

부동산 리스크를 우려하는 이유는 국내 집값 상승 과정이 일본의 부동산 거품 붕괴에 따른 잃어버린 20년이나, 미국의 서브프라임 모지기 론 사태 및 금융위기 초기 진행과정과 빼닮았다는 데 있다. 일본은 고도성장기였던 1955년부터 1990년까지 부동산 가격이 70배나 뛰는 과정에서 너도나도 대출을 받아 집을 샀다. 그러나 1990년대 들어 일본 중앙은행의 조급한 금리인상으로 대출이자가 오르자 10년간 주택 가격이 60%, 상업지역 땅값은 80%나 폭락했다. 집을 팔아도 대출금을 다 갚을 수 없는 깡통주택이 속출했고, 결국 경제가 장기침체에 빠지는 후유증을 낳았다.

국내에서도 만성적인 주택 초과수요 속에 가계대출이 집값을 밀어 올렸고, 오른 집값이 더 많은 대출을 유발하는 구조였다. 집값이 계속 오르기만 한다면 걱정할 필요가 없다. 하지만 이 구조는 집값이 정체하거나 하락할 때 걷잡을 수 없는 파장을 몰고 온다. 부동산 리스크와 가계대출 폭탄은 주택담보대출로 연결된 쌍둥이 위험요인인 셈이다.

부동산 불패 신화가 무너지고 있음은 분명하다. 급격한 충격에도 얼마 지나지 않아 제자리를 찾고 되레 더 올랐던 수도권 집값이 구조적인 요인에 의해 서서히 내리고 있기 때문이다. 그럼에도 사람들은 집을 사지 않고 전세만 찾는다. 집값이 더 떨어지기를 기대하는 것이다. 여기에다 베이비붐 세대의 은퇴 등 인구 통계적 요인과 맞물려 부동산시장의 장기침체 가능성을 부인하기 어려운 상황이다. 물론 미국, 일본과 같은 폭락세를 맞지는 않을 것이라는 전망이 훨씬 많지만 부동산 대박은 꿈도 꾸지 말라는 게 전문가들의 공통된 의견이다.

부동산 신화의 붕괴 우려 속에서도 한 가지 다행스러운 것은 한국 주택은 집값이 반 토막 난 일본처럼 깡통주택이 되는 것은 아니라는 점이다. 이미 오랜 기간 LTV(loan to value ratio: 주택담보대출비율)와 DTI(dept to income ratio: 총부채상환비율) 규제를 고수해 왔기 때문이다. LTV는 집값의 60%만 담보로 인정해 주는 것이다. DTI는 연간 원리금 상환액을 환산해 차입자 소득의 60%를 넘지 못하도록 한 규제이다. 서울 강남 3구처럼 투기지역으로 지정되면 LTV와 DTI 규제가 40%로 강화된다. 무턱대고 집을 담보로 대출받는 것을 억제하고, 소득이 없는 사람들에게 마구잡이로 대출을 하지 않도록 규제하는 것이 목적이다.

이런 규제에도 불구하고 가계대출이 계속 늘었다는 점에서 비판도 없지 않다. 지나친 부동산 담보대출 규제로 인해 가계대출을 잡지도 못하면서 부동산 경기만 더욱 악화시켰다는 것이다. 일각에서는 투기지역 지정을 모두 해제하고 LTV와 DTI 규제도 완화해야 한다는 목소리를 높이고 있다.

하지만 LTV와 DTI는 쉽게 양보할 수 없는 규제라는 것이 정부의 시각이다. 미국의 서브프라임 모기지 론 사태는 신용도와 소득이 낮은 사람들에게 집값의 100%를 대출해 줬기 때문에 집값이 내려가자 바로 위기가 찾아온 것이다. 일본에서는 부동산 불패신화에 취해 집값의 최고 120%까지 대출해 주기도 했다. 집값이 더 오를 것이라는 전제 아래 1억 원짜리 집을 담보로 잡고 1억 2,000만 원까지 빌려준 셈이다. 그 결과 일본에는 집을 팔아도 대출금을 다 갚을 수 없는 깡통주택으로 인해 고통받는 50~60대 가장들이 여전히 남아 있다. 미국에서도 모기지 담보로 들어간 주택의 4분의 1이 깡통주택이며, 라스베이거스 등 주요 도시에서는 이 비율이 거의 절반에 이른다고 한다.

물론 집값이 급락하면 LTV와 DTI를 맞추기 위해 금융회사들이 대출금의 일부를 상환할 것을 요구하게 되므로 충격이 있을 수밖에 없다. 국내에서는 이론적으로 집값이 반 토막 나지 않는 한 집을 팔면 대출금은 상환할 수 있다. 물론 그런 상황이 온다면 빚을 갚고 난 뒤 집이 사라지고 수중에 돈이 한 푼도 남지 않겠지만, 일본보다는 충격이 덜하다는 이야기다. 부동산 거품과 성급한 긴축정책으로 잃어버린 20년을 겪은 일본을 반면교사로 삼았기에 금융회사까지 연쇄 도산하는 사태는 예방

할 수 있는 장치를 마련한 것이다.

피할 수 없는 고령화의 덫

한국 경제의 미래를 전망할 때 고령화는 최대의 리스크가 될 만하다. 고령화는 단순히 노인인구가 많아진다는 의미를 넘어선다. 경제전반에 엄청난 파장과 악영향을 몰고 올 가능성이 농후하기 때문이다. 지난 50년간 한국의 비약적인 경제발전은 끊임없이 공급되는 젊고 유능한 인적자원과 왕성한 근로의욕에, 자원을 효과적이고 집중적으로 투입한 데서 비롯됐다. 하지만 앞으로는 우수한 인적자원이 점점 부족해지는 데다가 노인인구에 대한 사회적 부담과 복지수요에 발목이 잡혀 성장을 낙관하기 어렵다.

고령화는 세계적인 현상이며, 특히 선진국은 예외 없이 초고령 사회를 눈앞에 두고 있다. 그럼에도 유독 한국이 고령화의 충격을 가장 크게 받는 것은 고령화 속도가 세계에서 가장 빠르기 때문이다.

고령화란 65세 이상의 고령자가 전체 인구에서 차지하는 비율(고령화율)로 나타낸다. UN은 65세 이상 인구 비중이 7~14%는 고령화(aging) 사회, 14~20%는 고령(aged) 사회, 20% 이상은 초고령(post aged) 사회로 정의한다. 한국은 1960년 2.9%이던 고령화율이 1990년 5.1%, 2000년 7.2%로 높아져 고령화 사회로 진입했다. 한국의 2011년 고령화율은 11.3%인데 2018

년이면 14%를 넘어 고령 사회로, 2026년에는 20%를 넘는 초고령 사회로 진입한다. 지금 26세 젊은이가 만 65세가 되는 2050년이면 고령화율이 38.2%에 달해 일본(39.6%)에 이어 세계 두 번째의 초고령 국가가 된다. 10명 중 4명이 65세 이상 고령자가 되는 셈이다. 2060년에는 생산가능인구(15~64세) 100명당 노인과 어린이 101명을 부양해야 해서 일본(95.7명)을 능가하는 세계 1위 초고령 국가에 도달한다. 그렇게 되면 젊은 층이 사회적 부양부담을 기피하여 국민연금 납부를 거부하거나 이민을 떠나는 사태를 상상할 수 있다. 실제로 일본에서는 이미 젊은 층의 4분의 1가량이 연금을 내지 않고 있다고 한다.

한국은 고령화 사회에서 고령 사회로 가는 데 18년, 고령 사회에서 초고령 사회가 되는 데는 8년밖에 걸리지 않을 전망이다. 고령화 사회에서 고령 사회로 진입하는 데 프랑스는 114년, 스웨덴은 82년, 미국은 69년, 영국은 46년, 독일은 42년이 걸렸다. 심지어 세계에서 가장 고령 국가인 일본조차 24년이 걸린 것을 감안하면 한국이 얼마나 빠르게 고령화되고 있는지 가늠할 수 있다. 현재 초고령 사회에 진입한 나라는 일본뿐이다. 일본이 고령 사회에서 초고령 사회까지 가는 데 16년이 걸렸지만, 한국은 이 속도마저 절반인 8년에 불과하다.

연도	한국	일본	미국	영국	프랑스	호주	이탈리아	OECD 평균
2000년	7.2	17.4	12.4	15.8	16.1	12.4	18.3	13.0
2010년	11.0	23.1	13.0	16.5	16.7	14.3	20.5	14.8
2030년	24.3	31.8	19.3	21.9	23.4	22.2	27.3	21.5
2050년	38.2	39.6	20.2	24.1	26.2	25.7	33.6	25.8

주요국 고령화율 추계(OECD 자료).

한국 사회의 고령화가 급진전된 원인을 간략히 요약하면 평균수명은 길어지고 출산율은 낮아졌기 때문이다. 평균수명은 1960년 52.4세에서 1970년 61.9세, 1990년 71.6세, 2000년 76.0세, 2010년 79.6세로 50년 동안 27년이나 늘어났다. 2015년에는 80세를 넘고, 2050년에는 86세에 이를 것으로 통계청은 추정하고 있다.

이에 반해 출산율은 급격히 떨어지고 있다. 1970년 4.53명이던 합계출산율(여성이 평생 낳는 아기)은 1980년 2.82명, 1990년 1.57명, 2000년 1.47명으로 하락했다. 2005년에는 1.08명까지 떨어져 사상 최저를 기록했다. 쌍춘년(2006년), 황금돼지해(2007년) 등의 속설에 힘입어 2007년에는 합계출산율이 1.25명까지 반짝 올랐지만 2008년 1.19명, 2008년 1.15명, 2010년 1.23명으로 더 이상 오르지 못하는 상태다. 한국보다 출산율이 낮은 나라는 홍콩(0.99명) 정도밖에 없다. 이민자가 늘고 있지만, 출산율 저하로 인해 2031년부터는 인구가 감소할 것으로 통계청은 전망하고 있다.

출산율이 낮아지는 것은 결혼비용, 보육비, 교육비 등의 부담이 엄청나게 커진 데다 사회에 진출한 여성들이 출산으로 인한 경력단절을 우려해 출산을 더욱 기피하기 때문이다. 주거비용이 커진 것도 한 요인이다. 서울에서 아파트 전세는 2억 원 이하로는 찾기 힘들다. 여성의 교육수준이 높아질수록 출산율은 낮아지기 마련이다. 더구나 한국은 결혼과 출산에 따른 손실이 너무 커, 부동산, 보육, 교육비 등의 합리적인 절감 대책이 필요하다. 또한 선진국들이 다각적인 출산장려책과 모성보호를 통해 저출산을 극복한 것도 타산지석으로 삼을 만하다.

저출산 고령화의 충격은 경제에 전방위적인 파장을 몰고 온다. 우선 부동산시장은 집을 살 수요가 줄어드는 반면, 고령자들이 집을 팔려는 공급은 늘어 약세를 보이게 된다. 노인인구가 늘어나면서 국민연금 수급자가 많아지는 반면, 연금 보험료를 낼 사람은 줄어 연금이 고갈된다. 국민연금공단의 추계에 의하면 2060년이면 국민연금이 고갈될 것이라고 한다. 건강보험도 노인인구의 의료수요가 늘어 적자가 불가피하다. 국민 1인당 연간 의료비가 60만 원 수준인 데 반해 65세 이상 노인인구의 의료비는 4배인 240만 원 수준이라고 한다. 선진국 사례에서 보듯이 산업현장에는 양질의 노동력 공급이 줄어들게 되어 외국인이나 여성들의 진입이 늘어나기 마련이다. 복지수요 증가로 사회복지 분야의 일자리는 늘어날 수 있다.

소비와 저축에서도 변화가 불가피하다. 고령자들은 소비가 젊은 층만큼 왕성할 수 없으므로 내수경기가 침체되고, 저축보다는 그동안 저축해 놓은 것을 쓰면서 살아야 하기에 저축률은 더욱 낮아질 수밖에 없다. 또한 세금을 낼 생산인구가 줄어 재정수입이 감소하고, 노인인구에 대한 재정지출은 증가해 재정적자가 심화될 수밖에 없다. 이런 요인들이 경제성장률을 하락시켜 삶의 질을 떨어뜨리는 요인이 된다.

가계부채 등 다른 리스크를 해소한다 해도 저출산 고령화로 인한 성장 저하를 멈추게 할 방법은 없다. 다만 사전에 철저히 대비해 충격을 최소화하는 것이 최선이다. 하지만 정부와 정치권의 대책을 보면 '님트(NIMT: not in my term, 내 임기만은 피하자) 증후군'이 만연해 있다. 당장의 사익과 정쟁에 몰두하느라 10~20년 뒤에 닥칠 게 확실한 위기는 눈에 들어오지도 않는 모양이다.

더욱 깊어진 사회갈등과 반목

한국 사회의 비경제적 요인이면서도 경제에 충격을 미치는 요인은 사회갈등 비용이 너무 크다는 점이다. 예전 갈등요인은 단연 지역감정이었다. 영남 출신 대통령이 30년간 집권하면서 심화된 지역 불균형은 김대중(호남), 김종필(충청)의 DJP 연합과 노무현 정권의 지역균형 발전 정책에 힘입어 예전보다는 많이 완화되었다. 호남, 충청 지역의 사통팔달 뚫린 도로는 지역감정을 완화시키는 데 큰 역할을 했다. 물론 지역갈등은 선거나 정책결정에서 아직도 중요한 요인이다.

더 큰 문제는 수없이 사회갈등이 만들어지고, 이를 풀 줄 모른다는 점이다. 이른바 '87 체제'로 민주화는 달성했지만 사회갈등을 관리하는 수준에서는 후진성을 면치 못하고 있다. 1987년 이후 억눌렸던 욕구가 분출되는 과정에서 대화와 타협, 법과 제도에 의한 갈등 해소 관행을 확립하지 못하고 오로지 큰 목소리에 의존하는 경향이 일반화되었다. 빈부, 노동, 교육, 도시개발 등 사회 각 분야의 갈등이 오직 집단행동으로 표출되었다.

2000년대 들어 이념 갈등이 여과 없이 표면화되어 사회적 비용을 키우고 있다. 좌우와 보혁의 대립은 국가정책의 모든 분야에서 충돌하는 양상이다. 여기에다 최근 서울시장 보궐선거에서는 새롭게 세대갈등까지 드러났다. 20~30대 청년층과 50대 이상 장·노년층은 한 자리에 앉아 대화하기가 힘들 정도이다. 화성에서 온 청년, 금성에서 온 장년과 같은 수준이다. 이 밖에도 비정규직, 수도권 집중화, 한·미 FTA, 4대강 사업 등 갈등요인은 이루 헤아릴 수 없다.

삼성경제연구소가 2009년 내놓은 「한국의 사회갈등과 경제적 비용」이라는 보고서에 따르면 한국의 사회갈등 지수는 0.71로 OECD 회원국 평균 0.44를 크게 상회하는 것으로 나타났다. 분석대상인 27개 회원국 중 사회갈등 수준은 터키, 폴란드, 슬로바키아에 이어 4위이다. 이로 인해 GDP(국내총생산)의 27%를 비용으로 지불하는 것으로 분석됐다. GDP의 27%이면 300조 원에 이르는 규모다. 갈등을 잘 관리한다면 1인당 국민소득이 5,000달러는 더 늘어날 수 있는 셈이다.

민주주의 사회는 다양한 의견들이 존재하고, 서로 이익이 충돌하는 상황도 수시로 발생한다. 선거, 토론, 법, 제도 등을 통해 갈등을 제대로 관리한다면 역동적인 에너지로 삼을 수도 있다. 하지만 대화를 통한 타협이 도저히 불가능하고 폭력적인 치킨게임(chicken game: 어느 한쪽이 양보하지 않을 경우 양쪽이 모두 파국으로 치닫는 극단적인 게임)으로 치닫는 갈등이라면 사회를 스스로 무너뜨리는 요인이 된다. 이런 갈등을 치유할 능력이 없는 나라가 선진국이 된 사례는 없다고 해도 과언이 아니다. 지금과 같은 대립과 충돌이 반복된다면 다른 어떤 경제적 위기보다 더 큰 위기가 발생할 수 있다. 또한 금융위기가 재발하더라도 외환위기 당시 금 모으기 운동과 같은 국민적인 위기대응 노력을 이끌어 내기도 어려울 것이다.

금융위기의 대책은 없는가

글로벌 금융위기 이후 세계 경제는 새로운 질서를 모색하고 있다. 되풀이되는 금융위기는 이제 뉴 노멀(new normal)이 되었다. 뉴 노멀은 시대 변화에 따라 새롭게 부상하는 표준으로, 위기 이후 5~10년간 세계 경제의 특징을 규정하는 신조어이다. 미국 벤처투자가인 로저 맥나미(Roger McNamee)가 벤처 거품이 꺼진 이후 달라진 특징을 지칭하는 용어로 2003년 처음 사용했다.

뉴 노멀 시대에는 경제가 제자리를 잡고 금융과 제조업이 균형을 이루기까지 크고 작은 위기가 계속 이어질 가능성이 높다. 일본 동북부 지방에 대지진이 발생한 뒤에도 계속해서 여진이 이어진 것을 연상하면 이해가 빠르다. 위기의 일상화인 셈이다.

글로벌 금융위기는 세계 유일의 슈퍼 파워였던 미국의 위상에 금이 가게 만들었다. 세계 최고(AAA)였던 미국의 신용등급이 한 단계 아래인 AA+로 강등된 것은 상징적인 사건이었다. 따라서 앞으로 G2(미국과 중국) 체제가 확립될 때까지 세계 경제 질서는 G20을 중심으로 이끌어 갈 수밖에 없다. 서구 선진국을 지칭하는 G7(미국, 영국, 독일, 프랑스, 이탈리아, 일본, 캐나다)만으로는 세계 경제를 주도하는 데 한계에 봉착했기 때문이다.

G20은 G7이 급격히 부상한 브릭스(BRICs: 브라질, 러시아, 인도, 중국) 4개국과 한국, 호주, 남아프리카 공화국, 터키, 멕시코, 인도네시아, 아르헨티나, 사우디아라비아 등 12개 신흥국의 영향력을 수용하게 된 것이다. G20은 G7에 유럽연합 의장국과 12개 신흥국을 더한 20개국(유럽연합 의장국이 G7에 속한 나라면 19개국)이다. 따라서 2010년 11월 서울에서 열린 G20 정상회의에서 한국이 의장국을 맡은 것은 국내에서는 높은 평가를 못 받았지만 국제적으로는 한국의 위상을 널리 알리는 의미 깊은 이벤트였다.

그렇다면 한국은 뉴 노멀 시대에 어떤 선택을 할 것인가. 어떻게 대비해야 되풀이되는 금융위기에 보다 안전하고 지속가능한 경제성장을 이어갈 수 있을까. 정책 당국자나 기업, 개인 모두에게 커다란 숙제가 아닐 수 없다. 금융위기의 충격을 최소화할 수 있는 방안을 모색해 보자.

금융위기는 새로운 경제 질서를 만든다

역사적으로 금융위기가 휩쓸고 간 이후에는 늘 새로운 경제 질서가 형성됐다. 위기는 구경제 질서를 철저히 파괴하기에 경제주체들이 바뀐 환경에서 회생의 길을 모색하는 계기가 된 것이다. 과거 1930년대 대공황은 제2차 세계대전 이후 금 본위제인 브레튼우즈 체제(Bretton Woods system)를 낳았다. 1970년대 오일쇼크에 이어 1980년대 인플레이션 시기의 경제는 고강도 긴축과 고금리 등이 특징이다. 1990년대에는 금융규제 완화와 IT의 발달로 금융혁신과 벤처 붐을 가져왔다. 이것들은 모두 당시의 뉴 노멀이라 할 수 있다.

뉴 노멀의 반대 말은 올드 노멀이다. 2008년 글로벌 금융위기 이전의 약 10년간의 경제 질서인 올드 노멀은 2000년대 초 벤처거품 붕괴로 위축된 세계 경제를 회복시키기 위한 과잉유동성, 부채 확대(leveraging, 레버리징), 글로벌 불균형과 과소비, 위험선호, 금융규제 완화 등으로 요약된다. 이 시기에는 과잉유동성에 의해 자산가격이 상승(부의 효과)한 데 힘입어 소비가 활발해져 고성장을 유지할 수 있었다. 하지만 과잉유동성과 과잉부채는 자산가격의 거품을 몰고 왔고, 결국 거품이 꺼지면서 상당 기간 저성장을 감수해야 하는 상황에 이르렀다. 글로벌 금융위기는 올드 노멀 시대의 종언을 고하는 변곡점이었던 것이다.

2008년 이후 가시화된 뉴 노멀은 저성장, 저소비, 고실업, 고

위험, 규제강화, 부채 축소(디레버리징), 미국의 역할 축소 등이 특징이다. 유럽의 위기가 10년은 갈 것이라는 전망도 이런 관점에서 충분히 타당한 이야기다. 대외의존도가 높은 한국도 예외가 될 수 없다. 따라서 G20에서는 신흥국 관점에서 보다 적극적으로 목소리를 낼 필요가 있다.

2011년에는 유럽 재정위기가 터지면서 세계 정치의 판도마저 요동치고 있다. 이미 PIGS 국가들(포르투갈, 이탈리아, 그리스, 스페인)은 잇달아 치른 선거에서 모두 정권이 교체되었다. 게다가 2012년은 세계적인 선거의 해이다. 한국을 비롯해 미국, 러시아, 프랑스, 인도 등 총 29개국에서 대선을 치러 새 지도자를 뽑는다. 중국도 선출방식은 다르지만 지도자가 바뀔 예정이다.

선거의 해에는 경제문제에 대한 정치적 접근이 왕성해지기 마련이다. 금융위기에 이은 재정위기로 각국의 재정상태가 어려운 데도 정책이 자칫 포퓰리즘(populism: 대중 인기 영합주의)으로 흐를 개연성이 농후하다. 위기를 겪는 나라의 국민들은 뼈를 깎는 구조조정을 거부하고 정치인들에게 당근을 요구할 수 있다. 세계가 위기의 지뢰밭을 지나야 하는 것이다.

한국도 2012년 4월 총선, 12월 대선에 이르는 시기에 정치논리가 횡행할 가능성이 크다. 위기예방을 위해서는 균형재정이 필수 선결과제임에도 표를 의식한 정치인들의 퍼주기식 복지공약 경쟁은 한국 경제를 위기에 빠뜨릴 수 있다. 경제성장률은 2011년 3.8%에서 2012년에는 3.5~3.7%로 더 내려갈 것이란 전망이다. 성장이 둔화되는 와중에 치열한 정치 다툼과

세계 경제 질서의 재편이라는 중대 변화가 겹치게 되었다. 한마디로 한국 경제는 2012년 중대 기로에 서게 되었다.

외환보유액과 통화스와프는 다다익선

그렇다면 해법은 무엇일까. 위기의 그림자를 지워야 하는 현재 상황에서는 환율 정책을 보수적으로 펼 수밖에 없다. 비용이 들더라도 외환보유액을 충분히 쌓는 동시에, 경제 펀더멘털을 투명하고 튼튼히 하면서 정책의 일관성을 유지하는 길 외에는 왕도가 없다. 외국인의 급격한 자금 유출입에 대한 완충 장치로서 외환보유액은 많으면 많을수록 좋다. 외환보유액은 2011년 말 기준 3,064억 달러다. 1997년 외환위기 당시 외환보유액이 30억 달러대까지 줄어 국가부도 일보직전까지 갔던 데 비하면 격세지감을 느낄 만한 규모다.

하지만 이것이 충분하다고 보기는 어렵다. 한 번 부도 위기를 겪었던 나라인 탓에 통상적인 적정 수준보다 외환보유액을 더 쌓아야 하는 것이 한국의 현실이다. 2008년 금융위기 당시에도 외환보유액이 2,400억 달러에 달했지만, 환율을 잡기 위해 외환시장에 달러를 푸는 과정에서 2,000억 달러 선이 무너질까 노심초사한 적이 있다. 만약 그 당시 2,000억 달러 선이 깨졌다면 금융위기의 충격이 어디까지 미쳤을지는 누구도 장담하기 어려웠을 것이다. 외환보유액은 위기에 대응하기 위한 마지막 보루인 탓에 그 존재가 국내외 경제주체들에게 의미 있게 받아들여질 정도의 규모가 되어야 한다. 현재로서는 다다익선인 셈이다.

물론 외환보유액은 공짜가 아니다. 보유액이 늘어나는 만큼, 즉 한국은행이 달러를 사들이는 만큼 시중에는 원화가 공급된다. 한국은행은 통화량 증가분을 흡수하기 위해 통화안정증권의 발행을 늘려야 한다. 그런데 외환보유액을 미국 국채, 금 등에 투자해 얻는 수익보다 국내 통화안정증권의 이자로 나가는 돈이 더 크다. 그만큼 역마진, 즉 손실을 감수해야 한다. 이것이 외환보유액을 쌓는 데 드는 비용이다. 하지만 외환보유액은 국가적인 리스크에 대비하기 위한 일종의 보험인만큼, 여기에 드는 비용은 보험료로 생각해야 한다. 아깝다고 무조건 줄일 일이 아니다.

외환보유액을 대신할 환율 방어수단으로 평상시에는 비용이 들지 않는 통화스와프를 적극 확대할 필요가 있다. 통화스와프란 국가 간에 통화를 맞교환하는 계약이다. 당장은 돈이 오가지 않지만 위기가 발생했을 때 국제 결제통화가 아닌 원화를 주고 기축통화를 들여올 수 있어 효과적인 대처수단이 된다. 외환보유액이 보험이라면 통화스와프는 만약의 사태에 대비하는 마이너스통장인 셈이다.

2008년 글로벌 금융위기 당시 1,500원대까지 뛰었던 환율을 잡을 수 있었던 데에는 미국과 300억 달러, 중국과 260억 달러의 통화스와프 계약을 맺은 것이 큰 역할을 했다. 미국, 일본 등 기축통화 국가들과 통화스와프를 확대하는 것은 해외 투자자나 국제 신용평가회사들에게 긍정적인 신호를 준다.

유럽 재정위기가 고조됨에 따라 정부는 사전 대비책으로 2011년 말 일본과 700억 달러, 중국과 560억 달러의 통화스와프 계약을 맺었다. 기존 한, 중, 일, 아세안 치앙마이 이니셔티브 다자화 기금(CMIM)에서 받을 수 있는 192억 달러를 포함해 총 1,452억 달러 규모의 통화스와프 자금을 확보한 것이다. 또 한미 정상회담에서도 양국 간 통화스와프 체결 가능성을 열어놓았다. 따라서 비상시 가동할 수 있는 외화유동성 규모는 외환보유액과 합쳐 적어도 4,500억 달러 이상으로 늘어났다. 총외채 4,000억 달러를 훨씬 웃도는 규모여서 외환부문의 안전판은 일단 확보한 셈이다.

이와 관련해 세계 3대 신용평가회사 중 하나인 영국 피치(Fitch)는 한국의 신용등급 전망치를 'A+ 안정적'에서 'A+ 긍정적'으로 높였다. 글로벌 금융위기 이후 국가 신용등급이 A등급 이상인 나라 가운데 신용등급이나 전망이 상향조정된 사례는 한국이 유일하다.

위기예방의 대안들: 볼커 룰, 토빈세, 은행세

볼커 룰

미국에서는 글로벌 금융위기를 계기로 금융규제를 강화하는 쪽으로 제도를 보완하고 있다. 대표적인 것이 금융회사의 위험투자와 대마불사의 폐해로부터 납세자들을 보호하기 위해

제정된 '볼커 룰(Volcker rule)'이다. 볼커 룰은 2010년 의회를 통과한 80년 만의 월가 개혁법안인 도드-프랭크법(Dodd-Frank law)의 골자가 되었다.

볼커 룰은 1979~1987년 미국 연방준비제도이사회(FRB) 의장을 지낸 폴 볼커(Paul Volcker, 1927~)가 제안한 아이디어에서 나온 것이다. 볼커는 오바마 정부의 경제회복자문위원회 의장을 지냈으며, 금융을 규제해야 한다는 소신을 가진 인물이다. 1980년대 초 FRB 의장 시절 물가가 10%대로 치솟자 기준금리를 무려 연 21.0%까지 올리는 초긴축 정책으로 물가를 잡아 '인플레이션 파이터'로도 불렸다. 볼커는 금융규제 완화, 초저금리 정책을 폈던 그린스펀(Alan Greenspan, 1926~)과는 여러모로 대비된다.

볼커 룰의 목적은 기본적으로 금융의 과도한 투자를 막고 자금중개라는 본연의 기능 위주로 역할을 축소하기 위한 것이다. 즉, 예금보호 대상이 되는 금융회사에 대해 위험투자를 제한하는 것이다. 자본금이나 차입금으로 위험자산에 투자하는 거래와 헤지펀드, 사모펀드에 대한 소유와 투자를 금지시켰다. 한마디로 술집 주인은 술을 마시지 말라는 소리다. 또 합병을 하더라도 미국 내 예금액의 10%가 넘을 경우 불허하도록 했다. 이는 대형 금융회사들이 높은 수익을 겨냥해 자기자본으로 주식, 채권, 파생상품 등에 투자한 결과 글로벌 금융위기 이후 천문학적인 손실을 냄으로써 국민 혈세로 연명시켜야 했기 때문이다.

볼커 룰은 도드-프랭크법이 의회를 통과하는 과정에서 원안과 달리 헤지펀드와 사모펀드에 대해서는 자본금의 3%까지 투자할 수 있게 허용하는 쪽으로 완화되었다. 볼커 룰이 국내 금융회사에도 적용되는 것은 아니지만, 금융위기 이후 새로운 규제 틀로 작용한다는 점에서 국내 금융시장에도 영향을 미칠 전망이다.

토빈세

유럽을 중심으로 논의되고 있는 또 다른 규제방안은 토빈세(Tobin's tax)이다. 노벨 경제학상 수상자인 제임스 토빈(James Tobin, 1918~2002) 교수가 1978년 주장한 개념이다. 국제투기자본의 급격한 자금유출입이 각국 통화가치를 급등락시키고 금융위기를 초래하는 것을 막기 위해 단기 외환거래에 세금을 물리자는 것이다. 무역이나 장기 자본거래에는 영향을 미치지 않으면서 투기성 자본만 규제하는 효과를 기대할 수 있고, 세금 수입도 상당할 것이라는 주장이다. 전 세계적으로 단기 외환거래는 하루 평균 1조 5,000억 달러에 달한다. 여기에 0.05%의 토빈세를 물릴 경우 연간 1,000억 달러 이상의 세수가 생긴다. 그러나 토빈세를 일부 국가에서만 도입하면 투기자본은 토빈세를 도입하지 않은 나라로 이동하게 된다. 따라서 토빈세는 전 세계적으로 동시에 시행해야 한다는 난점이 있다.

국내에서도 금융위기 예방책으로 토빈세나 은행세가 국회에서 거론되기도 했다. 그러나 정부는 장기과제로나 검토할 사항이라며 부정적인 입장이다. 박재완 기획재정부 장관은 국회 답변을 통해 "당장 토빈세를 도입할 시기는 아니며 서둘러 토빈세를 도입할 경우 국내 금융시장이 위축될 수도 있다."고 말했다. 현재 시행 중인 선물환 포지션 한도 제한, 외국인 채권투자과세 부활, 외환건전성 부담금 부과 등 세 가지 정책 등을 정비하고 강화한다면 토빈세 도입은 필요치 않다는 것이다.

은행세

이 밖에 미국에서는 금융위기 당시 은행 구제금융에 들어간 7,000억 달러의 혈세를 회수하고 금융위기 재발을 막기 위해 은행세를 물리자는 논의도 있다. 2010년 초 오바마 대통령이 은행에 금융위기 책임비용을 물리겠다고 선언해 오바마세로도 불린다. 미국 정부는 자산 500억 달러 이상인 금융회사 50곳의 비예금성 부채에 대해 0.15%의 은행세를 물릴 경우 10년에 걸쳐 900억 달러를 회수할 수 있을 것으로 보았다. 하지만 은행세도 토빈세와 마찬가지로 특정 국가에서만 시행할 경우 다국적 금융회사들이 일시에 이동해 혼란을 초래할 수 있다.

국내에서는 2011년 8월부터 은행의 비예금성 외채(외화부채) 잔액에 부과되고 있는 외환건전성 부담금이 일종의 은행세로 간주된다. 1년 이하 외채 평균잔액에는 0.20%, 1년~3년 사이는 0.10%, 3~5년 사이는 0.05%, 5년 초과에는 0.02%의 부담금이 부과된다. 즉, 만기가 짧은 단기외채가 많을수록 부담금을 많이 물리는 구조이다. 은행세 징수액은 연간 2억 1,000만 달러로 추정된다. 국내 은행들보다는 외국은행 국내 지점에 부담이 될 수 있다. 그러나 은행세 부과율이 다른 국가보다 낮은 편인 데다가 단기자금에 고작 0.20%를 물리는 수준이어서 핫머니(hot money: 투기성 단기자본) 유입을 막는 데 미흡하다는 지적도 있다.

금융감독 강화와 금융안정망 구축 필요

제조업은 토지, 자본, 노동 등 생산 3요소를 투입한 만큼 산출이 이루어진다. 따라서 제조업은 규제보다는 자유방임이 더 효과적이었다. 세계 경제는 보호무역, 산업규제 시기보다는 자유무역, 규제완화 시기에 더 큰 발전을 이루었다.

그러나 금융은 다르다. 투입한 만큼 산출이 이루어지기도 하지만, 레버리지를 통해 산출을 뻥튀기할 수 있다. 실물이 수반되지 않은 돈 거래에는 탐욕이 끼어들 틈새가 있다. 그래서 금융시장에 대한 규율과 적절한 규제는 필수적이다. 특히 자산시장은 세심하게 다룰 필요가 있다. 투기, 군중심리에 의한 과열, 비이성적인 낙관주의, 지대 추구, 뇌물의 유혹 등으로 인해 경제를 나락으로 몰고 갈 가능성이 언제든 도사리고 있기 때문이다.

한국이 금융위기에 취약한 요인을 금융에서 찾는다면 글로벌 경쟁력을 갖춘 제조업에 비해 금융이 부실하고 금융감독도 철저하지 못하다는 점이다. 경제규모는 세계 14위인데 국내 최대 은행(우리은행)은 세계 68위에 머물러 있다. 덩치가 큰 것도 아닌 데다 실력도 내세울 게 별로 없다. 은행들은 국내에서의 예대마진(예금과 대출의 이자 차액) 장사에만 골몰할 뿐, 해외에 나가서는 손해나 안 보면 다행일 정도다. 실력이 없어 못 나가는지, 손해를 볼까 봐 안 나가서 실력이 없는 것인지 모를 지경이다.

외환위기와 금융위기를 겪고도 국내 금융회사들의 리스크 관리 능력은 여전히 열악한 수준이다. 대기업 계열사나 관계사면 영업 환경이나 재무상태가 좋지 않아도 별 제약 없이 대출해 준다. 실제로 한 그룹의 관계사인 건설회사가 법정관리를 신청하자 은행들은 이 그룹의 꼬리 자르기라며 아우성친 일이 있다. 이름만 보고 대출해 줬으니 그룹 대주주가 이 건설회사의 지분이 없더라도 책임을 지라는 것이었다. 그렇지 않으면 그룹 전체에 대해 제재를 하겠다고 으름장을 놓기까지 했다. 은행들의 이런 반응은 스스로 대출심사를 엉터리로 했음을 자인하는 꼴이다. 외환위기 이후 대출을 깐깐하게 심사한다고 자랑했던 것이 공염불이었음을 드러낸 사례다.

게다가 은행들은 툭하면 비좁은 국내 시장에서 덩치 경쟁을 벌인다. 은행장들이 3년 임기 동안 보여줄 것은 은행을 키웠다는 실적밖에 없기 때문이다. 그러나 덩치 경쟁 수단은 임직원들에게 예금유치 경쟁을 시키고, 그렇게 들어온 자금으로 개인과 기업에 대출을 왕창 늘리는 원초적인 수준에 머물러 있다. 선진국 은행들의 주 수입원인 M&A(mergers and acquisitions:

인수합병) 중개, 재무 자문 등은 걸음마 단계이다. 예대마진 장사에서 빚어진 과열경쟁은 곧 허술한 대출로 이어지고 궁극적으로는 부실채권을 만든다. 더구나 주요 은행(금융지주사)들의 외국인 지분은 50%를 넘는다. 해마다 수조 원씩 이익을 내지만 이익금의 상당 부분은 배당금으로 나간다. 따라서 국내 금융소비자들에게서 챙긴 이자와 수수료 수입으로 외국 주주들에게 배당금 내주기에 급급하다는 비판도 나온다.

금융부문이 취약한 데는 허술한 금융감독도 한몫했다. 금융회사의 과열경쟁이 수시로 유동성의 쏠림현상을 가져오는데, 금융감독 당국은 늘 문제가 터지고 나서야 부랴부랴 대책을 마련하느라 분주하다. 수시로 정치권력이 개입하여 각종 로비와 청탁이 난무하고, 금융감독 당국의 부도덕까지 겹쳐 문제를 키웠다. 금융위원장과 금융감독원장의 임기를 법에 명시해 놓고도 제대로 보장해 준 적이 거의 없다.

또한 금융위원회, 금융감독원, 한국은행, 예금보험공사 등 금융감독 관련 기관들의 기관 이기주의와 영역 다툼 때문에 금융정보를 원활하게 공유하지 못하는 실정이다. 금융정책을 다루는 금융위원회와 금융감독을 담당하는 금융감독원이 2008년 분리된 이후 금융위기 대응력이 약화되었다는 비판도 받는다. 정책과 감독이 유리되면서 신속하고 선제적인 조치가 나오지 않는다는 이야기다. 과거 금융감독위원장이 금융감독원장을 겸임할 때와 달리 두 기관의 권한과 영역이 모호해진 탓이다. 최근 부실 저축은행 구조조정을 둘러싸고 금융위원회

와 금융감독원이 서로 미루고, 딴죽을 거는 듯한 모습을 보였
던 것이 대표적인 사례이다.

정부 차원의 금융안전망이 작동하고 있지만 지금까지는 주
로 사후 대처에 머물렀다. 위기가 발생한 뒤에야 금융회사에 긴
급자금을 공급하고 부실채권을 사 주거나, 적기시정 조치를 내
리는 수준이었다. 비용과 노력은 훨씬 많이 들이면서도 실물경
제에 파급될 금융시스템의 리스크에는 적절히 대처하지 못해
자칫 위기를 키울 위험성이 높다. 금융은 실물경제의 혈맥과도
같은 것이다. 금융이 한 번 망가지면 복구하는 데에는 엄청난
비용과 고통이 뒤따른다. 그렇기에 금융시스템의 리스크는 사
전에 철저히 예방하는 체제를 갖추는 것이 가장 효과적이라는
사실은 두말할 나위도 없다.

금융위기 예방을 위해서는 무엇보다 감독기관장들의 임기
를 보장해 주고 철저히 책임을 묻는 관행을 만들어야 한다. 한
국은행에 버금가는 독립성이 확보되지 않고서는 늘 정치의 굴
레에서 벗어나기 어렵다. 서울 G20 정상회의를 앞두고 문제를
만들지 말라는 정권의 주문에 부실 저축은행 정리를 차일피일
미룬 사례야말로 당장 근절되어야 할 구태이다.

아울러 금융회사의 건전성에 대한 상시감독과 감독기관 간
의 원활한 정보교환은 필수이다. G20 국가들은 2009년 국제
금융시스템의 안정과 위기 재발을 막기 위해 금융안정위원회
(financial stability board, FSB)를 출범시켰다. 국제적인 차원에
서 금융시스템에 대한 리스크를 감시하는 기구이다. 이를 국내

에 적용하여 금융감독 조정기구를 구성할 필요가 있다. 금융위원회, 금융감독원, 한국은행, 예금보험공사 등이 조정기구를 통해 부실 징후가 있는 금융부문과 금융회사를 집중적으로 점검할 수 있도록 견제와 협력을 도모해야 할 것이다. 금융안전망에서 망(網)은 그물을 가리킨다. 추락하는 금융은 하나가 아닌 여러 개의 그물로 받쳐야 안전을 기대할 수 있다.

실물경제 안정 없이 금융 안정 없다

금융위기는 대개 실물경제의 부진에서 비롯되었다. 1997년 외환위기, 2003년 카드 사태, 2008년 글로벌 금융위기는 모두 경기가 침체된 상황이었기에 쉽게 위기로 치달은 것이다. 한국에서 실물경제의 부진은 대외 불균형, 즉 경상수지 적자로 나타난다. 수출로 먹고사는 나라이기에 경상수지가 적자이거나 수출이 부진하면 경제성장도 둔화되어 결국 내수 침체와 실업 사태를 만든다.

금융은 실물경제와 동떨어져 홀로 성장할 수 없다는 것이 글로벌 금융위기에서 새삼 확인한 사실이다. 만약 실물과 괴리되어 금융이 팽창한다면 거기에는 분명히 거품이나 쏠림이 있다. 예컨대 기업의 신용위험은 커지는데 무리하게 대출이 늘어나거나, 무분별하게 신용카드가 남발되거나, 과도하게 자산(주식, 부동산)에 투자가 되는 등의 일들이 벌어지는 것이다.

따라서 금융위기의 재발을 방지하기 위해서는 무엇보다 경제의 균형을 유지하는 것이 필수이다. 대외적으로는 경상수지와 외환수급의 안정을 도모해야 하고, 대내적으로는 지속 가능한 적정수준의 경제성장과 물가 안정을 도모해야 한다. 만약 대외 요인과 대내 요인이 상충되는 상황이 벌어진다면 한국과 같은 소규모 개방경제 국가에서는 대외 불균형부터 균형을 바로잡는 데 우선순위를 둘 수밖에 없다. 환율(통화가치) 안정이 급선무라는 이야기다. 통화가치가 무너져 원·달러 환율이 급등하면 수출에는 일시적으로 도움이 될지 몰라도 물가가 뛰고 외국자본이 이탈해 경제가 뿌리부터 흔들리게 된다.

그렇다고 환율을 무조건 낮추는 것이 능사는 아니다. 수출에 차질이 생기고 경상수지가 나빠져 더 큰 문제를 낳을 수도 있다. 환율이 실물경제, 즉 경제 펀더멘털에 비해 고평가 되어 있다면 투기자본의 공격대상이 된다. 결국에는 환율이 그 나라의 경제에 걸맞는 수준으로 회귀하기 마련이다.

환율의 안정은 대외균형과 동의어로 보아도 무방하다. 환율 안정을 위해서는 외환 수급의 안정을 꾀해야 한다. 하지만 한국의 주식시장, 채권시장, 외환시장은 완전 개방되어 있다. 언제든 외국자본이 들어왔다 나갈 수 있다. 2007부터 2008년까지 2년 간 외국인 자금은 주식시장에서 58조 3,000억 원이 빠져나간 반면, 2009부터 2010년에는 53조 5,000억 원이 들어왔다. 2011년에 다시 10조 원가량 유출되었다. 외국인 자금이 대규모 유입과 유출을 거듭하다 보니 한국 증시의 변동성은 세계 최고 수준이 되고 말았다.

이런 식으로는 환율 안정을 기대하기 어렵고, 우리의 뜻대로 경제를 이끌어가기도 어렵다. 대외 변수만 쳐다보는 '천수답(天水畓: 벼농사에 필요한 물을 빗물에만 의존하는 논) 경제' 신세를 벗어나기 힘들다는 이야기다. 어떤 형태로든 국내 금융시장을 들락거리는 투기자본을 규제할 필요가 있다. 볼커 룰, 토빈세, 다자간 통화스와프 같은 국제적인 위기예방 논의에 적극 동참하면서, 국내에서도 자본이득(주식 매매차익)에 과세하는 방안을 신중히 검토할 때가 됐다.

금융위기에서 살아남기

 금융위기는 국가적인 재난이다. 기업들은 생존을 걱정해야
하는 한편, 개개인의 삶은 송두리째 변할 수도 있다. 따라서 누
구나 현대사회에서 살아남으려면 금융IQ를 높여야 한다. 금융
용어를 몇 가지 아는 수준을 말하는 것이 아니다. 금융에 대한
올바른 지식을 토대로 합리적인 판단을 내릴 수 있는 금융실력
을 갖출 필요가 있다는 이야기다.

 금융에 쏠림이 일어나 거품이 생기고 끝내 거품 붕괴로 큰
손실을 보는 과정을 수없이 목격하고도 사람들은 또 고수익
을 찾아 달려간다. 부실 저축은행들이 문을 닫을 때마다 1인당
5,000만 원을 초과한 예금이나 후순위채로 손해 보는 사람들
이 여전히 적지 않은 실정이다. 또한 처음에는 합리적으로 판

단한다 해도 주위 분위기에 휩쓸려서 욕심을 부리면 걷잡을 수 없는 손해를 볼 수 있는 곳이 바로 금융시장이다.

개인들이 다시 닥칠 금융위기에 대비해 반드시 기억해야 할 다섯 가지 원칙이 있다. 이 원칙들만 지킨다면 크게 낭패 볼 일은 없다. 그러기 위해서는 무엇보다 재테크로 대박을 내겠다는 생각부터 버리는 것이 기본이다. 이제는 더 이상 대박을 낼 투자수단은 존재하지 않는다. 다만 기회가 왔을 때 잡을 준비가 되어 있느냐 아니냐의 차이가 있을 뿐이다.

피천득의 수필 『인연』에는 이런 구절이 있다. "어리석은 사람은 인연을 만나도 몰라보고, 보통사람은 인연인 줄 알면서도 놓치고, 현명한 사람은 옷깃만 스쳐도 그 인연을 살려낸다." 여기에서 인연을 금융위기 또는 그로 인해 생겨난 투자기회라고 바꾸어 보면 이해가 쉬울 것이다.

누구나 기억해야 할 다섯 가지 대비법

기대수익을 낮춰라

금융위기에서 살아남으려면 어떻게 대처해야 할까. 무엇보다 기대수익을 낮추어야 한다. 과거에 비해 수익률이 다소 낮더라도 만족할 줄 알고, 고수익 상품일수록 조심하라는 이야기다. 누구나 위험은 없고 수익은 높은 투자를 원한다. 하지만 고수익은 고위험과 동의어이다. 시장금리(정기예금, 국고채 등의 금리)는 정부가 인위적으로 만드는 게 아니다. 시장의 자금 수급에 의해 자연스레 형성되는 돈의 가격이다. 시장금리를 초과하는 고수익 상품이 있다면 반드시 그에 상응하는 위험도 도사리고 있음을 명심해야 한다.

시장금리보다 수익이 높으면 높을수록 투자 위험은 커진다. 원리금이 보장되는 상품이면서 시장금리를 훨씬 웃도는 고수익 상품은 없다. 이를 테면 연 20~30%의 고수익을 보장한다는 투자 상품은 원금의 20~30%의 손해를 볼 수도 있다는 의미로 받아들여야 한다. 그렇게 높은 수익을 낸다는 광고가 사실이라면 그런 광고를 하는 사람들만 수익을 챙겼을 것이다. 주식투자 비법을 공개한다는 이른바 재야 고수들도 마찬가지다. 진짜 그런 비법이 있다면 왜 천기누설을 해 가며 강연료로 푼돈이나 벌 생각을 하겠는가? 고수익에 위험이 따른다는 사실을 망각하는 순간 철저히 대가를 치르기 마련이다.

모르는 상품은 피해라

잘 모르는 금융상품은 피하는 게 정답이다. 금융회사 상담 창구에 가보면 고수익 상품이라며 주식형펀드, 해외펀드, 후순위채, 비우량 회사채 등을 권하는 경우가 많다. 대개 이런 상품은 한때 고수익을 냈던 적은 있지만 앞으로도 고수익을 낼 것이라고 보기 어려운 경우가 많다. 심하게 말하면 고객이 고수익을 얻는 상품이 아니라 금융회사에 고수익을 안겨주는 상품일 수도 있다. 영국의 한 금융회사는 고령의 고객들에게 장기 채권을 팔았다가 금융감독 당국의 제재를 받았다. 고객들의 평균 나이는 83세인데 판매한 상품은 만기가 5년 이상인 채권이었다. 이런 정도이면 거의 금융사기에 해당한다. 모르면 이렇게 당하는 것이다.

미국의 금융위기 과정에서 리먼 브라더스, 메릴린치(Merrill Lynch) 같은 초대형 투자은행들은 CDO(collateralized debt obligation: 부채담보부증권), MBS(mortgage backed securities: 주택저당증권) 등 일반인들에게는 이름도 낯선 금융상품에 투자했다가 막대한 손실을 입었고, 이로 인해 파산에까지 이르렀다. 하물며 정보 습득이 제한적인 개인이 리스크도 명확치 않은 상품을 선호하는 것은 불을 보고 뛰어드는 부나방 같은 짓이다. 아울러 남들이 너도나도 투자하는 금융상품에 휩쓸려 투자하는 것도 금물이다. 유행 금융상품이라는 것은 바로 쏠림을 의미한다. 한때 ELS(equity linked securities: 주가연계증권)가 고수익 상품으로 큰 인기를 끌었지만 주가가 급락하자 큰 손실이 나는 경우도 생겼다. 군중심리를 따라 움직여서는 돈을 벌기는커녕 돈을 지키기도 어렵다. 2010년 큰 인기를 모은 자문형 랩이 지금 어떤 상태인지를 보면 그 답을 알 수 있을 것이다.

인플레이션에 대비하라

다가올 인플레이션 충격에 대비해야 한다. 지금 선진국들은 이른바 양적완화를 통해 천문학적인 돈을 풀어놓고 있다. 이 돈은 지금 착시를 유발하는 요인일 수 있다. 글로벌 금융위기를 정확히 예측했던 위더머 형제는 『애프터 쇼크』에서 본격적인 위기는 아직 시작도 안 됐다고 강조한다. 양적완화로 인해 미국의 통화량은 3배 이상으로 늘어났다. 지금 당장은 유동성의 힘에 의해 주가가 금융위기 이전 수준으로 회복되어 경제가 정상궤도로 복귀한 것처럼 착시를 일으킨다. 그러나 어마어마하게 풀린 돈은 언젠가는 반드시 인플레이션을 유발한다는 사실을 예측하는 것은 어렵지 않다. 이에 대비하여 지금까지의 올드 노멀 시대와는 전혀 다른 뉴 노멀 시대에 걸맞게 재테크 방법과 생활 패턴을 바꾸는 것이 현명하다. 뉴 노멀 시대의 재테크는 기대수익부터 낮추는 것임은 아무리 강조해도 지나치지 않다.

부채를 줄여라

빚을 줄이는 것도 훌륭한 재테크이다. 어떤 금융회사든지 대출이자가 예금이자보다 높다. 예금과 대출의 금리 차이가 금융회사의 주된 수익원이기 때문이다. 따라서 이자가 비싼 대출금부터 갚는 것이 고수익 금융상품을 찾아 헤매는 것보다 훨씬 합리적인 재테크 방법이 된다. 빚을 갚고도 여유가 있다면 그때 가서 재테크를 생각하면 된다. 특히 인플레이션이 우려되는 상황이라면 더더욱 부채 축소가 절실하다. 인플레이션은 고금리를 동반한다. 빚이 많은 사람이라면 금융위기의 긴 터널을 벗어나기도 전에 고금리에 짓눌려 스스로 무너질 수도 있다.

금융위기 대비법을 다시 새겨라

지금 여윳돈이 생겼다면 다시 첫 번째 원칙으로 돌아가라. 처음부터 이 원칙들을 곰곰이 되새겨 보라. 사람은 망각의 동물이기에, 앞서 읽은 네 가지 원칙을 잘 준수하다가도 한순간 눈이 멀 수 있다. 어떤 일이 있어도 다섯 가지 원칙을 허물지 않는다면 금융위기가 일상화된 시대에도 살아남을 수 있을 것이다.

경제는 언젠가 다시 일어선다

이제 세계는 금융위기의 후유증을 극복하기 위해 무수한 고비를 넘어야 한다. 세계 경제의 미래에 대해서는 위더머 형제의 『애프터 쇼크』와 같은 극단적인 비관론에서부터 월가의 일부 분석가들의 조심스런 낙관론에 이르기까지, 스펙트럼이 너무 넓다. 국내외를 막론하고 정치는 어디로 튈지 알 수 없다. 그만큼 불확실성은 더욱 커졌다는 이야기다.

금값이 한때 온스당 2,000달러에 육박하는 동시에, 미국 국채 10년물의 수익률이 연 2%선까지 내려가는 상반된 신호가 나타나는 세상이다. 금의 강세는 인플레이션을, 미국 국채의 수익률 하락은 디플레이션을 상징한다. 개인이 어느 한 방향을 예측하고 대응하기가 어느 때보다 어려워졌다는 신호다.

2008~2009년과 달리 각국 정부는 동원할 수 있는 수단이 거의 바닥났다. 금융위기의 여진이 올 경우에도 정부에 기댈

여지가 별로 없다는 이야기다. 경기가 식고 있지만 이미 제로 (0%)에 가까운 금리를 더 내릴 여력도, 막대한 부채 속에 재정 지출을 더 늘릴 여력도 없기 때문이다. 투자는 더욱 위험해지고, 개인의 삶은 예전보다 훨씬 못할 수도 있다.

재테크로 대박을 내는 것보다 지금 가진 자산을 지키는 것이 더 어려워질 수 있다. 공성보다 수성이 힘든 상황이 다가온다는 이야기다. 빚부터 갚는 것이 최고의 재테크가 될 만한 상황이다. 반면 평균수명은 더욱 길어져 은퇴 후에도 오랜 기간 생활을 유지해야 한다. 이는 누가 대신해 줄 수 있는 것이 아니다. 스스로 공부하고 노력하는 것만이 노후를 편안히 보내는 지름길이다.

세계 경제는 무수한 금융위기를 겪었지만 끝내 다시 일어섰다. 이번 위기도 언젠가는 극복될 것이다. 그러나 그때가 언제인지는 누구도 알 수 없다. 사람들은 훨씬 더 어둡고 위험한 세상이라고 낙담하지만, 그것이 오히려 절호의 기회가 될 수도 있다. 기회를 잡을지 갖고 있던 것마저 잃을지는 전적으로 자신에게 달려 있다.

참고문헌

김광수경제연구소, 『위기의 재구성』, 더팩트, 2011.

김용덕, 『반복되는 금융위기』, 삼성경제연구소, 2010.

누리엘 루비니·스티븐 미홈, 허익준 옮김, 『위기 경제학』, 청림출판, 2010.

데이브 캔사스, 박혜원 옮김, 『월가의 끝나지 않은 도박』, 엘도라도, 2009.

데이비드 위더머·로버트 위더머·신디 스피처, 한수영 옮김, 『애프터 쇼크』, 쌤앤파커스, 2011.

배리 아이켄그린, 박복영 옮김, 『글로벌 불균형』, 미지북스, 2008.

에드워드 챈슬러, 강남규 옮김, 『금융투기의 역사』, 국일증권경제연구소, 2001.

영국 이코노미스트, 현대경제연구원 편역, 『2012 세계경제대전망』, 한국경제신문, 2011.

조재성, 『환율의 역습』, 원앤원북스, 2011.

조지 쿠퍼, 김영배 옮김, 『민스키의 눈으로 본 금융위기의 기원』, 리더스하우스, 2009.

최진욱·김동섭, 『월街, 이렇게 쓰러졌다』, 부글북스, 2009.

키어런 파커·개리 그리핀, 정경호 옮김, 『탐욕의 경제학』, 북플래너, 2007.

대한민국 리스크 - 금융편

치명적인 금융위기, 왜 유독 대한민국인가

펴낸날   초판 1쇄 2012년 2월 1일

지은이   **오형규**
펴낸이   **심만수**
펴낸곳   **(주)살림출판사**
출판등록   1989년 11월 1일 제9-210호

경기도 파주시 문발동 522-1
전화   031)955-1350   팩스   031)955-1355
기획 · 편집   031)955-1377
http://www.sallimbooks.com
book@sallimbooks.com

ISBN   978-89-522-1695-3   04080

※ 값은 뒤표지에 있습니다.
※ 잘못 만들어진 책은 구입하신 서점에서 바꾸어 드립니다.

책임편집   **양민**